_____님

절세 준비가
가장 큰 투자가 되며
절세 실현이
가장 큰 소득이

절세訓남 이상욱 세무사

(최신 개정판)

절세訓남 이상욱 세무사의

절세의 모든 기술 부동산 법인에 있다!

절세訓남 이상욱 세무사의

절세의 모든 기술
부동산 법인에 있다!

이상욱 지음

매일경제신문사

프롤로그

누군가가 나에게 세금을 다른 말로 표현하라고 한다면, "무서운 것"이라고 하겠습니다. 한 번, 두 번, 세 번을 물어도 대답은 똑같이 "무서운 것"이라고 하겠습니다.

사람들의 소득은 변하지 않았음에도 불구하고, 국가 재정 지출의 급격한 증가로 인해 세금은 늘어나야 합니다. 그렇기 때문에 세금은 사람들에게 무서운 존재가 되어버렸으며, 세금을 줄이려는 유혹 때문에 불법적인 탈세의 늪에 빠질 수 있는 위험한 대상이 되어버렸습니다.

국가예산은 2017년에 약 400조 원에서 2022년에는 약 607조 원으로 불과 5년 만에 200조 원 이상 증가했습니다. 그런데 이 증가된 예산의 대부분을 세금에서 충당하려고 하는 것을 보면, 경기가 점점 나빠지는 현실에서 세금은 정말 무서운 것임에 틀림없습니다.

세금의 정의

1 국가나 지방자치단체가 거두는 돈입니다.
2 국가 재정상 필요한 경비를 충당하기 위해 거두는 돈입니다.
3 강제로 거두는 돈입니다.
4 금전이나 재물 등 재산적 가치가 있는 것은 무엇이든 거두어갑니다.
5 납부하지 않으면 미래에 발생할 소득이나 재산까지 압류 대상이 됩니다.

합법적 절세를 위해서는 세법을 공부해야 하고, 적극적으로 절세방법을 찾아야 무서운 세금으로부터 재산을 지킬 수 있습니다.

"뭘 알아야 절세를 하지."

이 말은 2가지로 해석됩니다.

첫 번째 해석은 '아무것도 모르는데 무슨 절세를 어떻게 하라는 것인지?'라는 푸념의 의미로, 절세를 포기하는 것으로 해석이 됩니다.

두 번째 해석은 '무엇부터 알아야 절세를 시작할 수 있지?'라는 의미로, 절세 도전을 향한 긍정적이고, 적극적인 의미의 해석입니다.

절세라는 것은 첫 번째 의미처럼 포기했을 때는 절대 얻을 수 없는 것이며, 두 번째의 의미처럼 절세를 하기 위해 세금을 이해하려고 공부하며, 또 노력할 때 반드시 그 보상이 또 하나의 소득으로 돌아오는 것입니다.

부동산 투자자가 투자를 잘해서 수익을 발생시켜 소득을 증가시키는 것이나, 부동산 절세를 잘해서 비용을 절감시켜 소득을 증가시키는 것이나 순서는 다르지만, 결과는 같은 것입니다.

부동산 투자를 통해 손에 남는 소득을 극대화하기 위해서는 절세에 대한 중요성을 먼저 인식하고, 부동산 투자를 해야 합니다.

부동산 구입은 가치 상승 전에 하면서,
절세는 왜 가격 상승 후에 하는가?

부동산 투자자들이 부동산을 취득할 때 가치 하락을 예상하고 취득하지는 않습니다. 그렇기 때문에 부동산은 그 가치가 상승한다는 전제하에서 취득하는 것이며, 가치 상승 시 발생할 세금에 대한 절세방안까지 마련 후 취득을 해야 합니다.

가치가 상승할 부동산을 찾는 노력보다
절세를 위한 노력이 중요하다

부동산 투자자들은 가치가 상승할 부동산을 찾기 위해 대단히 많은 노력을 합니다. 하지만 가치만 상승한다고 해서 손에 남는 소득이 많을까요? 가치가 상승한 부동산을 판매 시 세금이 많이 발생한다면, 세금 납부 후 소득이 많지 않을 것이며, 그 결과 부동산 투자를 잘했다고 할 수 없을 것입니다.

따라서 가치 상승 부동산을 찾는 노력만큼이나 절세를 위한 노력도 중요합니다. 부동산 투자와 관련된 세금은 그 종류도 다양하지만, 그 세금의 종류별로 세금의 크기가 점점 더 증가하고 있습니다. 따라서 세금에 대한 검토 없이는 부동산 투자 결과로 발생하는 소득도 보장받을 수 없습니다. 부동산의 취득단계에서부터 보유단계를 포함해 처분이나 이전단계까지 발생할 세금을 미리 예측해 절세할 수 있는 방법을 마련한 뒤 취득을 해야 합니다.

부동산 법인은 개인이 부동산을 취득·보유·판매하면서 발생하는 세금과 판매 후 발생할 수 있는 세금까지 감안할 때 절세의 큰 방안을 제시할 수 있습니다. 이 책은 부동산 법인에 대해 다음과 같은 이야기를 하고자 합니다.

1. 부동산 법인이란 무엇인가요?
2. 부동산 법인은 누가 필요한가요?
3. 부동산 법인은 어디서 만들고, 어디서 관리를 하나요?
4. 부동산 법인은 어떻게 만드나요?
5. 부동산 법인은 어떻게 운영하나요?
6. 부동산 법인은 언제 만들어야 하나요?
7. 부동산 법인은 왜 필요한가요?
8. 부동산 법인은 왜 싫어하나요?

또한, 이 책은 부동산 법인의 이해를 통한 절세방안 마련에 집중했고, 절세자금의 활용방안을 제시해 또 다른 소득을 창출할 수 있도록 자세하게 설명했습니다. 부동산 법인을 이용해 절세를 하고자 하는 많은 부동산 투자자들에게 실무지침서가 되길 기원하며, 부동산 법인을 통해 합법적인 절세를 해서 불법적인 탈세 의혹에 빠지지 않을 수 있도록 하는 열쇠가 되길 기원합니다. 다만 이 책의 내용이 법적 효력을 보장하지 않기 때문에 부동산 관련 절세 검토를 진행할 때에는 반드시 세법 전문가와 먼저 검토 후 진행하시기 바랍니다.

마지막으로 이 책이 세상에 빛을 볼 수 있도록 잘 인도해주신 ㈜두드림미디어 한성주 대표님께 감사드리며, 책 집필에 집중할 수 있도록 많은 것을 포기해준 아내 도지항과 두 딸 수인이, 수아에게 감사의 말을 전합니다. 무엇보다도 못난 아들을 인간답게 살 수 있게 평생을 희생하신 부모님께 감사와 존경의 마음을 전합니다. 필자의 성장을 위해 도움을 주신 모든 분들과 이 책의 영광을 함께하고 싶습니다.

이상욱

차 례

PART
03

WHO

부동산 법인은
누구에게 필요한가요?

PART 06 **WHEN**

부동산 법인을 언제 만들어야 하나요?

PART 07

WHY

부동산 법인, 왜 만들어야 하나요?

WHY 01 부동산 법인을 왜 해야 하나요?

WHY 02 왜 부동산 법인을 싫어하나요?

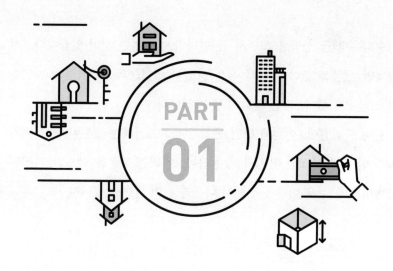

PART

01

5W1H

부동산 법인,
이것부터
이해하세요!

1 분명 불법인 것 같은데 괜찮다고 합니다. 문제없을까요?

수많은 세금 상담을 하면서 늘 안타깝게 느끼는 것이 있습니다. '정상적인 상담을 했더라면 더 좋은 방법이 있었는데, 왜 이렇게 판단을 하고 신고를 했나?'라는 생각이 들 때입니다.

분명 불법인데 "이렇게 하면 문제 없을까요?"라는 질문이나 "문제가 발생 안 되게 하려면 어떻게 해야 하나요?"라는 질문을 받으면, 과장된 답변이지만, 쉬운 이해를 위해서 다음과 같이 답변을 합니다.

> "'선생님은 지금 사람을 죽이려고 하는데 괜찮을까요? 어떻게 해야 문제가 없을까요?'라는 질문과 같은 이야기를 하고 계십니다. 불법은 어떤 경우에도 잘못된 것이며, 문제가 늘 발생할 수 있습니다. 다만 '문제가 지금 되느냐? 나중에 되느냐? 혹 안 될 수도 있느냐?'의 상황인 것이며, '문제가 있나? 없나?'에 대한 답을 찾으려 해서는 안 됩니다."

상담 신청을 하는 많은 분들은 세금에 대해 잘 알지 못하는 분들입니다. 어디에서(=누구에게) 상담 신청을 해야 될지도 잘 모르는 분들이기도 합니다. 따라서 잘못된 상담의 유혹에 빠지기 참 좋은 분들입니다.

인터넷에서는 많은 사람들이 친절하게 상담을 해주고 있습니다. 물론 상담수수료도 들지 않습니다. 분명 많은 사람들의 답변 내용 중에서 답은 있습니다. 그러나 그 답을 찾아낼 능력이 없기 때문에 본인에게 유리한 답변을 선택해서 결정을 합니다.

본인에게 제일 유리한 방법이 가장 눈에 띄는 방법이며, 인터넷 상담자는 "본인도 그렇게 신고했는데 문제가 없었다"라고 답변까지 친절하게 해놓은 상태라 신뢰성은 물론이고, 심리적 안정까지 얻을 수 있습니다. 하지만 그 답변이 잘못된 답변이면 어떻게 될까요? 세금은 대부분 본인이 신고(납부)를 해야 하며, 그 책임 또한 본인이 부담해야 합니다. 만약 신고가 잘못되었다면 잘못된 세금은 물론이고, 벌금 성격의 가산세까지 발생한다는 것을 명심해야 할 것입니다. 정상적인 상담을 받아 신고·납부하면 끝이 날 세금을 잘못된 상담이나 판단으로 인해 벌금까지 추가로 부담해야 할 수도 있습니다.

전문가에게 정상적으로 상담을 하고, 제대로 된 신고를 해서 불이익이 생기지 않도록 하는 것도 좋은 절세의 한 부분임을 우리는 잘 알아야 합니다.

신고가 잘못되었을 경우 추가 부담액

잘못 신고가 되어 적게 납부된 세금은 당연히 추가로 부담을 해야 하며, 다음과 같이 가산세까지 부담해야 합니다.

- **신고 불성실 가산세** : 잘못 신고된 세금의 40%(20%) (10%) 추가.
- **납부 불성실 가산세** : 잘못 신고되어 적게 납부된 세금은 이자를 추가로 납부해야 합니다. 이때 적용되는 이자율이 연 7.3%가 넘기 때문에 많은 연체이자가 발생합니다(하루 2.2/10,000×365일).

5년 후 세무서에서 연락이 오면 다음과 같은 세금이 발생합니다.

① 신고하지 않은 세금이 5,000만 원일 경우 : 무신고 세금 5,000만 원
② 신고 불성실 가산세 : 1,000만 원(20%)
③ 납부 불성실 가산세 : 약 2,000만 원

즉 5,000만 원 작게 신고했는데, 3,000만 원 정도의 가산세를 내야 합니다.

부모님의 부동산은 증여, 상속 중 어떤 방법으로 받는 것이 좋을까요?

"부모님의 부동산을 지금 증여로 받는 것이 좋을까요?
돌아가시고 난 뒤 상속으로 받는 것이 좋을까요?"

많은 사람들이 궁금해하는 질문 중 하나입니다. 이러한 상담에 대한 답은 "가능하면 돌아가시고 난 뒤 받는 것이 세금 측면에서는 유리합니다"입니다.

증여는 살아 계실 때 받는 것을 의미하며, 상속은 돌아가시고 받는 것을 뜻합니다. 상속세는 사망한 사람의 재산을 기준으로 계산하는데, 배우자가 생존해 있는 경우 최소 10억 원까지는 상속세가 발생하지 않으며, 배우자 상속공제를 활용할 경우 최대 30억 원까지는 상속세가 발생하지 않습니다. 따라서 상속받는 재산이 10억 원이 안 되는 경우라

면, 상속 후 부동산을 받는 것이 상속세가 발생하지 않기 때문에 일반적으로 증여보다 유리합니다. 왜냐하면 상속과 달리 증여세는 조금만 받아도 발생하기 때문입니다.

증여세는 증여받은 금액이 10년 동안 합산해서 일정한 금액이 넘으면 발생합니다. 배우자에게 받은 금액은 6억 원, 직계존비속에게 받은 금액은 5,000만 원(미성년자는 2,000만 원), 기타 친인척에게 받은 금액은 1,000만 원이 넘으면 증여세가 발생합니다. 따라서 부모님께 아파트를 증여받으면, 보통 증여세가 몇천만 원씩 나온다고 생각해야 합니다.

즉 상속으로 받으면 10억 원까지 상속세가 나오지 않아 세금 없이 받을 것을, 살아 계실 때 군이 부모님에게 증여를 받아 증여세를 낼 필요가 없다는 것입니다. 또한, 증여를 받은 경우 증여한 자가 10년 이내 사망 시 상속세 계산에 포함되어 증여세와 상속세 중 큰 금액을 결국 부담을 해야 하니 더더욱 증여는 신중해야 합니다.

사망 후 고인의 통장에서 돈을 출금해 아파트를 취득한 경우 상속으로 인한 취득이므로, 고인의 재산이 10억 원 이하이면 상속세가 발생하지 않으나, 사망 하루 전에 돈을 출금해 아파트를 취득하면, 살아 있을 때 증여받은 것으로 볼 수 있기 때문에 증여세가 발생합니다. 또한 증여받은 자는 재산이 늘어나게 되어 보유하고 있다는 사실만으로도, 보유세 성격의 재산세나 종합부동산세가 발생할 수 있으며, 국민연금이나 건강보험료가 발생 또는 증가할 수 있습니다.

하지만 상속보다 증여가 필요할 경우도 있습니다. 재산세나 종합부동산세가 증여자 기준으로 너무 많이 나온다고 하면, 재산이 없는 자녀에게 분산해서 줄일 수 있으나, 이때 발생하는 취득세와 증여세가 너무 많이 나온다면 증여를 하지 않는 것이 좋습니다. 그리고 각종 사회보장 정책 또한 재산이 많이 포착되면, 지원 대상에서도 배제될 수 있습니다. 또한, 상속으로 재산 배분 시 상속받는 상속인들 간에 다툼이 발생할 것으로 예측될 경우에는 상속공제를 포기하고, 사망 전에 재산을 증여로 배분하는 것이 좋을 수 있습니다.

 ## 절세 준비 없이 부동산을 구입하면, 어떤 세금들이 발생하나요?

부동산 투자자가 반드시 알아야 할 세금

부동산은 취득 시점은 물론이고, 보유하는 중에도 계속 세금이 발생합니다. 또한 판매 시에도 세금은 발생하고, 판매하지 않고 증여를 하더라도 세금이 발생하며, 증여를 하지 않은 상태에서 사망을 해도 세금이 발생됩니다. 부동산 투자자라면 이러한 세금에 대해 적극적으로 관심을 가져야 합니다.

왜냐하면 적정하게 세금을 부담하는지, 더 줄일 수 있는 방법은 없는지에 대해서 관심을 가지는 것 또한 돈을 버는 방법 중 하나이기 때문입니다. 무엇보다 절세를 언제부터 준비를 했느냐에 따라서 세금은 크게 달라질 수 있으므로, 그 시점에 대한 관심 또한 매우 중요한 절세 요소입니다. 언제부터 준비하느냐는 어떤 재산이 누구에게로 어떻게 이동하느냐에 대한 시점을 결정할 수도 있습니다.

앞서 이야기한 세금에 대해서 자세하게 알아보도록 하겠습니다.

① 부동산 취득 시 발생하는 세금 : 취득세 등(지방교육세, 농어촌특별세)
② 부동산 보유 시 발생하는 세금 : 재산세 및 종합부동산세 + 주택임대소득세
　　　　　　　　　　　　　　　　　　(국민연금·건강보험료 등 공과금 발생 가능)
③ 부동산 매도 시 발생하는 세금
　　• 사업자가 없는 개인 : 양도소득세
　　• 사업자가 있는 개인 : 사업소득세(종합소득세)
　　• 부동산 법인 : 법인세
　　• 부가가치세
④ 부동산 증여 시 발생하는 세금 : 증여세 및 취득세 등
⑤ 부동산 상속 시 발생하는 세금 : 상속세 및 취득세 등

재산 취득 시 세금에 관심을 가지지 않은 경우의 세금 추가 발생금액

로또복권에 당첨이 되어 기쁜 마음에 아무 준비 없이 당첨금으로 재산을 취득했을 경우, 추가로 발생하는 세금(상속세 + 상속인 취득세 + 이자부담액) 등에 대해 알아보도록 하겠습니다.

[자료 1] 로또 100억 원 당첨자의 세금과 부동산 취득 시 발생 가능한 세금

구분	세율(%)	세금
소득세	33%(22%)	3,267,000,000원
취득세	4.6%	309,718,000원
상속세	10%~50%	2,251,641,000원

구분	세율(%)	세금
합계		5,828,359,000원
+ 상속인 취득세	3.16%	202,240,000원

참고 : 상속으로 인한 농지 외 부동산 취득세 세율 : 상속 시점 공시지가의 3.16%이나 쉬운 이해를 위해 취득가 기준 3.16% 적용

① 당첨금에 대한 기타소득세

100억 원 당첨 시 최초 3억 원은 22%가 과세되고, 3억 원 초과분인 97억 원은 33%가 과세됩니다. 로또복권당첨 관련 세금은 재산이 많은 사람이든, 없는 사람이든 또는 소득이 많은 사람이든, 없는 사람이든, 어느 누가 당첨되도 세금은 동일한 금액이 발생됩니다. 따라서 당첨자들이 복권당첨금을 찾을 때 절세에 대한 관심이 없습니다.

② 당첨금으로 임대 목적 부동산을 구입한다면

100억 원 당첨금 중 33억 원 정도의 세금을 납부하면, 통장에 약 67억 원이 입금됩니다. 부동산 투자자인 당첨자는 67억 원으로 빌딩을 구입하기로 했습니다. 하지만 67억 원에 대한 취득세가 3억 원(4.6%)이 발생되므로, 64억 원의 부동산을 취득할 수 있습니다. 물론 대출까지 합해서 더 고가의 건물을 구입할 수 있으나 취득세는 가격이 높아지면 높아질수록 많이 발생하기 때문에 최소 취득세를 가정해서 [자료 1]의 금액이 취득세로 발생됩니다.

③ 복권당첨자가 부동산 취득 후 사망했을 경우

복권에 당첨되었으나 당첨자가 사망한다면 상속세가 발생됩니다. 따라서 상속세 대비가 꼭 필요합니다. 또 언젠가는 어떤 이유로든 사망하기 때문에 상속세는 피할 수 없습니다.

• 다른 재산이 없는 경우

상속세 계산 시 아래와 같은 2가지 유리한 가정을 적용해서 최대한 세금을 적게 계산해도 상속세는 22억 원 정도가 발생합니다.

가정1 다른 재산이 하나도 없다(낮은 세율부터 모두 적용받는 것을 가정).
가정2 배우자가 생존해서 상속공제를 10억 원 적용받는다.

이 경우 상속세는 다음과 같이 계산됩니다.

[자료 2] 상속재산 과세표준의 세율에 따른 세금(다른 재산이 없을 경우)

상속재산 과세표준	세율	세금
최초 1억 원 이하(1억)	10%	1,000만 원
1억 원 초과 ~ 5억 원 이하(4억)	20%	8,000만 원
5억 원 초과 ~ 10억 원 이하(5억)	30%	1억 5,000만 원
10억 원 초과 ~ 30억 원 이하(20억)	40%	8억 원
30억 원 초과	50%	12억 원
합계		22억 4,000만 원

30억 원 초과 금액(50% 세율 적용분)인 24억 원의 계산은 다음과 같이 계산됩니다.

100억 – 3,267,000,000(로또 소득세) – 309,718,000(취득세) – 10억(상

속공제) = 약 54억 원이 상속세 계산 대상 금액

100억 원 당첨금에서 복권당첨 소득에 대한 세금을 내고, 남은 돈으로 취득세를 감안해 64억 원 정도의 부동산을 취득할 수 있는데, 이후 사망 시 건물가격인 64억 원의 재산이 상속됩니다. 64억 원이 그대로 상속세 계산 대상이 되는 것이 아니라, 배우자 공제 포함 10억 원을 공제받는다면, 상속세 계산 대상은 54억 원이 됩니다.

54억 원에서 30억 원은 [자료 2]와 같이 낮은 세율을 적용하고, 30억 원 초과 금액인 24억 원은 50%가 과세됩니다.

• 상속세의 마련

앞의 가정은 사망한 당첨자의 다른 재산이 없다는 가정입니다. 상속세는 다른 재산이 없는 만큼 [자료 2]와 같이 낮은 누진세율로 적용되어 작아지지만, 상속인은 상속세 마련을 하기 위해 대출을 해야 하고, 막대한 이자비용도 부담해야 합니다. 이러한 이자비용 또한 상속으로 인한 세금 성격으로 추가해야 하지 않을까요?

• 다른 재산이 있는 경우

복권당첨자가 다른 재산이 있다는 가정하에서는 상속세가 더 많이 발생됩니다.

가정1 당첨자가 사망 시 다른 재산이 이미 40억 원 존재

가정2 배우자가 먼저 사망(배우자 공제 없음, 기본공제 5억 원 적용)

로또 당첨되어 취득한 부동산 64억 원에 대한 상속세는 32억 원 정도 됩니다.

[자료 3] 상속재산 과세표준의 세율에 따른 세금(다른 재산이 있을 경우)

상속재산 과세표준	세율	세금
로또 당첨재산 외의 재산에서 낮은 세율을 먼저 적용	10%	
	20%	
	30%	
	40%	
로또 당첨 재산의 세율	50%	32억 원
합계		32억 원

• 50% 세율이 적용되는 30억 원 초과 상속재산의 금액 계산

기존 상속재산이 이미 40억 원이 있다는 전제로 상속세를 계산하기 때문에, 상속공제 5억 원은 기존 상속재산에 적용됩니다. 그 결과 기존 재산은 35억 원이 되며, 낮은 누진세율인 10~40%는 기존 재산에 적용됩니다.

기존 재산에 추가로 상속되는 부동산 가액이 64억 원이고, 그 금액은 공제 없이 전액 상속세 계산 대상이 됩니다. 그렇기 때문에 [자료 3]과 같이 높은 세율인 50%가 적용되는 재산은 64억 원이고, 상속세는 32억 원이 과세됩니다.

상속을 받은 상속인은 64억 원의 부동산에 대해서 취득세를 한 번 더 부담해야 하므로, 앞서 계산한 취득세 약 2억 원이 한 번 더 발생합니다.

부동산 세금, 앞으로 더 증가한다는데 사실일까요?

세금에 대한 이해(=조세의 개념)

세금은 국가나 지방자치단체가 재정상 필요한 경비를 충당하기 위해 국민으로부터 강제적으로 거두는 금전이나 재물을 의미합니다. 여기서 국가가 부과하는 것을 '국세', 지방자치단체가 부과하는 것을 '지방세'라고 합니다.

정부의 지출은 정부가 나아가야 할 방향성에 따라 변동하기도 하는데, 최근 복지예산이 증가함에 따라 국가 및 지방자치단체의 예산이 급격히 증가되었습니다. 이에 따라 재정상 필요한 경비를 충당하기 위해 조세부담도 증가되고 있습니다.

국가가 세금을 필요로 할 때 절세에 대한 아무런 준비를 하고 있지 않다면, 보유 재산이 점점 세금으로 사라져가는 것을 경험하게 될 것입니다. 비록 세금으로부터 재산을 지키는 일은 어렵고 힘들지만, 불가능한 일은 아닙니다. 절세에 대한 이해와 관심이 있어야 절세를 위한 실행을 시작할 수 있습니다. 재산 이동의 필요성과 이동 시점의 결정 또한 절세에 있어서 매우 중요한 역할을 하기 때문에 절세에 대한 이해와 관심은 반드시 필요하며, 그 실행 매뉴얼 또한 필요합니다.

국세확보 방법

국가지출이 복지재원 등으로 인해서 과거 몇 년간 급증했고, 앞으로의 추세로 예상하면 복지재원 등은 매년 발생해야 하고, 그 규모가 더 증가해야 하므로 세금은 지속적으로 늘어날 듯 보입니다.

① 과거의 예산확보 방식

과거, 즉 예산이 급격하게 증가되기 이전, 국가에서는 소득세에 집중해서 예산확보를 했습니다(성실신고 확인제도의 도입 및 대상 확대, 승용차 경비 제도 합리화, 접대비 한도 축소 등).

② 현재의 예산확보 방식

소득세 증가로는 예산증가 재원 마련에 충분하지 않았고, 경기하락 등으로 소득이 하락하기 시작하자, 소득이 발생하지 않아도 세금확보가 가능한 부동산 관련 세금을 통한 세금확보에 집중했습니다.

- 2019년 6월 : 재산세 과세 기준인 공시지가를 이미 크게 높였음
- 2019년 12월 : 종합부동산세 과세 대상자 확대, 공시지가를 크게 높여 세금규모 확대
- 2020년 5월 : 2019년 주택임대소득부터 소득세 과세를 통한 세금확보 방안 마련
- 2020년 6월 이후 : 2,000만 원 이하 주택임대소득자도 건강보험료를 부과하기로 확정
- 2020년 6월 17일 : 부동산 법인이 보유한 주택·분양권·입주권·토지 등 세금 대폭 상향
- 2020년 7월 10일 : 개인 보유 주택 취득세·종합부동산세·양도소득세 대폭 상향

③ 미래의 예산확보 방안

미래의 예산확보는 재산의 이동에 관련된 세금입니다. 양도소득세와 상속세 및 증여세가 재산의 이동과 관련된 대표적인 세금입니다. 부가가치세 역시 재산의 이동과 관련된 세금이며, 부동산 매매를 자주 하는 개인의 주택이나 상가 이전에 대한 부가가치세 과세 여부가 그 중심에 있을 가능성 역시 증가될 것으로 예상됩니다.

국가 예산흐름의 방향

2015년	2016년	2017년	2018년
375.4조 원	386.4조 원	400.5조 원	428.8조 원

2019년	2020년	2021년	2022년
470.5조 원	512.3조 원	555.8조 원	607.7조 원

정부의 지출은 정부가 나아가야 할 방향성에 따라 변동하기도 하는데, 복지예산의 증가에 따라 국가의 예산이 급격하게 증가했고, 재정상 필요한 경비를 충당하기 위한 조세부담도 증가되고 있음을 알 수 있습니다.

❶ 2016년 예산

2016년 국가 예산은 386.4조 원으로 2015년 국가예산 375.4조 원 보다 11조 원 상승했습니다.

[자료 4] 정부예산(2016년)

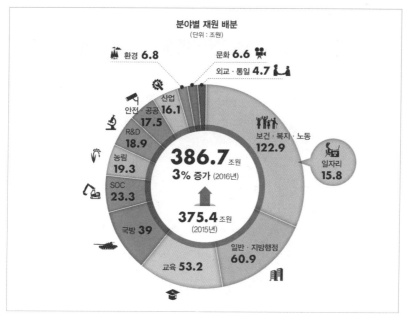

분야별 재원 배분
(단위 : 조원)

환경 6.8 문화 6.6
외교 · 통일 4.7

산업 16.1
안전 공공 17.5
R&D 18.9
농림 19.3
SOC 23.3
국방 39
교육 53.2

386.7 조원
3% 증가 (2016년)
375.4 조원 (2015년)

보건 · 복지 · 노동 122.9
일자리 15.8
일반 · 지방행정 60.9

출처 : 기획재정부

 **2017년 예산**

2017년 예산은 400.5조 원으로 확정되었습니다. 이는 전년 대비 14.1조 원 정도 증가된 금액입니다. 정부 예산 첫 400조 원 시대 진입으로 기대도 커졌으나 우려도 많았습니다.

[자료 5] 정부예산(2017년)

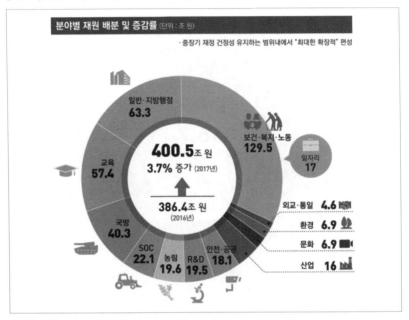

출처 : 기획재정부

절세의 모든 기술 부동산 법인에 있다!

③ 2020년 예산

　2020년 예산은 2017년 정부 예산의 첫 400조 원 시대 진입 이후 3년 만에 100조 원 이상이 증가된 512.3조 원입니다.

[자료 6] 정부예산(2020년)

출처 : 기획재정부

④ 2022년 예산

　2022년 예산은 2017년 정부 예산의 첫 400조 원 시대 이후 5년 만에 200조 원이 증가된 607.7조 원입니다. 400조 원 이후 추가 100조 원의 증가는 3년이 걸렸으나, 500조 원 이후 추가 100조 원의 증가는 2년으로 그 기간이 짧아지고 있으며, 세금 또한 크게 늘어날 것으로 예상이 됩니다.

2021년 1~11월 세수가 전년 대비 55조 6,000억 원이 더 걷혔다는 기획재정부 발표를 근거로 예상되는 2022년 세수 증가는 상상 그 이상일 것으로 예측됩니다.

- 2021년 예산 555조 8,000억 원(2020년 예산 대비 43조 5,000억 원 증가)
vs
- 2021년 11월까지 세수 : 323조 4,000억 원(2020년 동기 대비 55조 6,000억 원 증가)

부동산 세금이 많아서 정말 억울해요. 이유가 무엇인가요?

부동산은 취득 시점부터 세금이 발생합니다. 또한 보유 중에는 물론이고, 처분(양도, 상속, 증여) 시에도 세금이 발생하기 때문에 세금이 많은 것은 당연한 것입니다. 부동산을 판매해서 발생하는 소득세는 소득이 발생하면, 소득 발생액의 일정 금액만 과세하기 때문에 흔히 밑지는 장사가 아니라고 생각합니다. 하지만 취득 시 발생하는 취득세와 보유 중 발생하는 재산세·종합부동산세는 소득이 없어도 발생하며, 심지어 손해가 생겼음에도 불구하고 발생합니다. 따라서 소득세에 비해 아까운 세금이며, 억울한 세금이기 때문에 부담하는 사람에게는 굉장히 많다고 생각되며, 실제로 많은 것도 사실입니다.

따라서 부동산을 판매해서 소득의 발생으로 세금을 내는 것은 좋은 것이나, 부동산의 취득·보유에 대해서 발생하는 세금은 억울한 세금입니다. 여기에 보유세는 누진세율이라는 세율구조가 적용되고 중과세율 또한 적용되기 때문에 소득이 없어도 발생하지만, 그 금액이 더 많아지는 억울한 세금이 됩니다.

누진세율을 이해하면 부동산 세금 절세가 되나요?

부동산 판매 후 발생한 소득에 대해서는 일반적으로 양도소득세로 세금을 신고합니다. 양도소득세는 양도소득(=과세표준)을 계산해서 세율을 적용해 세금을 계산하는데, 이때 적용되는 세율이 누진세율입니다.

$$
\begin{array}{r}
\text{수익} \\
-\ \text{비용} \\
\hline
=\ \text{소득} \\
\times\ \text{세율} \\
\hline
=\ \text{세금}
\end{array}
$$

누진세율이란 소득금액이 높을수록 적용되는 세율이 높아지는 세율 체계입니다. 특정연도에 부동산 판매 횟수가 많아지거나, 하나의 부동산을 판매하더라도 양도소득이 높을수록 높은 세율이 적용됩니다.

부동산 판매 시 발생하는 세금의 절세는 이러한 누진세율을 이해하는 것부터 그 출발점이 되며, 한 사람의 바구니에 담기는 소득이 높을수록 세금도 많아지기 때문에 소득의 분산이 절세의 답이 되기도 합니다.

누진세율의 개념(Progressive rates of tax)

누진세율이란 앞서 말했듯 소득이 증가하면 적용되는 세율도 높아지는 세율입니다. 돈을 2배 더 벌어서 세금이 2배 더 나오는 것은 누진세율이 아닌 비례세율입니다.

누진세율이란 소득이 2배가 되었을 때 세금은 2배보다 더 커지도록 적용되는 세율이며, 초과누진세란 소득이 증가할수록 적용되는 세율이 저율에서 고율로 단계적으로 점점 증가할수록 세율입니다.

예 소득이 1,200만 원이면 소득세는 72만 원입니다. 하지만 소득이 2,400만 원으로 2배가 되면, 소득세는 2배인 144만 원이 아닌, 2배 이상인 252만 원이 되도록 적용되는 세율입니다.

우리나라는 보유세(재산세·종합부동산세)와 개인소득세(종합소득세, 양도소득세 등)·법인세·상속세 및 증여세에 초과누진세율을 적용하고 있으며, 소득재분배 기능과 경기 안정 기능을 중요시할수록 초과누진세율이 높아지게 됩니다.

(* 이해를 돕기 위해 소득으로 표시했으며, 정확한 표현은 과세표준입니다.)

[자료 7-1] 누진세율을 알아야 절세가 보인다 1 : 재산세율, 종합부동산세율

주택분 재산세			주택분 종합부동산세(개인)				
과세표준	세율	누진공제액	과세표준	일반		3주택 (조정지역 2주택)	
				세율	누진공제	세율	누진공제
6,000만 원 이하	0.1%	–	3억 원 이하	0.6	–	1.2	–
6,000만 원 초과 1억 5,000만 원 이하	0.15%	3만 원	6억 원 이하	0.8	60만 원	1.6	120만 원
			12억 원 이하	1.2	300만 원	2.2	480만 원
1억 5,000만 원 초과 3억 원 이하	0.25%	18만 원	50억 원 이하	1.6	780만 원	3.6	2,160만 원
			94억 원 이하	2.2	3,780만 원	5.0	9,160만 원
3억 원 초과	0.4%	63만 원	94억 원 초과	3.0	11,300만 원	6.0	18,560만 원

법인의 주택분 종합부동산세 세율 : 3주택 이상(조정지역 2주택)은 6%, 그 외 3%

2022년 개정세법(안)에 종합부동산세 세율 인하가 예정되어 있습니다.
국회 통과 시 2023년 이후 종합부동산세는 2022년 종합부동산세와 비교 시 크게 감소됩니다.

(1) 공제금액의 증가 : 6억 원 공제에서 9억 원 공제(1주택자 12억 원)
(2) 적용세율의 감소 : 최고세율이 7.2%에서 3.24%로 감소(농어촌특별세 포함)

현행			개정안	
주택분 종합부동산세 세율 2주택자로서 2주택이 모두 조정대상지역인 경우는 3주택 이상 세율을 적용			**다주택자 중과제도 폐지 및 세율 인하**	
과세표준	2주택 이하	3주택 이상	과세표준	세율
			3억 원 이하	0.5%
3억 원 이하	0.6%	1.2%	3억 원 초과 6억 원 이하	0.7%
3억 원 초과 6억 원 이하	0.8%	1.6%	6억 원 초과 12억 원 이하	1.0%
6억 원 초과 12억 원 이하	1.2%	2.2%	12억 원 초과 25억 원 이하	1.3%
12억 원 초과 50억 원 이하	1.6%	3.6%	25억 원 초과 50억 원 이하	1.5%
50억 원 초과 94억 원 이하	2.2%	5.0%	50억 원 초과 94억 원 이하	2.0%
94억 원 초과	3.0%	6.0%	94억 원 초과	2.7%
법인	3.0%	6.0%	법인	2.7%

〈적용시기〉 '23. 1. 1 이후 납세의무가 성립하는 분부터 적용

[자료 7-2] 누진세율을 알아야 절세가 보인다 2 : 종합소득세율, 법인세율

종합소득세율		법인세율	
종합소득 과세표준	세율	과세표준	세율
1,200만 원 이하	6%	2억 원 이하	10%
1,200만 원 초과 4,600만 원 이하	15%	2억 원 이하	10%
4,600만 원 초과 8,800만 원 이하	24%	2억 원 초과 200억 원 이하	20%
8,800만 원 초과 1억 5,000만 원 이하	35%	2억 원 초과 200억 원 이하	20%
1억 5,000만 원 초과 3억 원 이하	38%	200억 초과 3,000억 원 이하	22%
3억 원 초과 5억 원 이하	40%	200억 초과 3,000억 원 이하	22%
10억 원 이하	42%	3,000억 원 초과	25%
10억 원 초과	45%	3,000억 원 초과	25%

참고

2022년 개정세법(안)에는 소득세율 인하가 예정되어 있습니다.
국회 통과 시 2023년 이후 소득세율은 낮은 세율(6%)(15%) 적용구간이 늘어납니다.

(1) 6% 세율 적용구간의 증가 : 1,400만 원까지 6% 세율 적용
(2) 15% 세율 적용구간의 증가 : 1,400만 원~5,000만 원까지 15% 세율 적용

현행		개정안	
소득세 과세표준 및 세율		과세표준 조정	
과세표준	세율	과세표준	세율
1,200만 원 이하	6%	1,400만 원 이하	6%
1,200만 원~4,600만 원 이하	15%	1,400만 원~5,000만 원 이하	15%
4,600만 원~8,800만 원 이하	24%	5,000만 원~8,800만 원 이하	24%
8,800만 원~1.5억 원 이하	35%	8,800만 원~변경 없음	35%

〈개정이유〉 서민·중산층 세 부담 완화
〈적용시기〉 '23. 1. 1 이후 발생하는 소득분부터 적용

2022년 개정세법(안)에는 법인세율 인하가 예정되어 있습니다(국회 통과 시 적용).

(1) 최고세율의 축소 : 과세표준 금액 3,000억 초과 구간은 25% 세율 적용이나 25% 세율 적용구간 삭제
(2) 적용세율의 감소 : 과세표준 금액 2~5억 원은 적용세율이 20%에서 10%로 인하

개정안		
과세표준	세율	다음 요건을 모두 갖춘 중소·중견기업*은 10% 특례세율 적용 제외
2억 원 이하	10%	① 지배주주 등이 50% 초과 지분을 보유
2~5억 원 이하	10% (중소·중견기업)	② 부동산 임대업이 주된 사업이거나 부동산 임대수입·이자·배당의 매출액 대비 비중이 50% 이상
5~200억 원 이하	그 외 20%	* 소비성 서비스업은 특례세율 적용 제외
200억 원 초과	22%	

[자료 8] 누진세율을 알아야 절세가 보인다 3 : 양도소득세율, 상속 및 증여세율

양도소득세율 MAX(기본세율, 양도소득세 중과세율)		상속 및 증여세율	
양도소득세율 중과세율 ① 부동산 보유기간이 1년 미만 : 55%(주택·조합원 입주권 77%) ② 부동산 보유기간이 1년 이상 2년 미만 : 44%(주택·조합원 입주권 66%) ③ 부동산 보유기간이 2년 이상 : 기본세율(= 누진세율) ④ 조정대상지역 2주택 : 22% 추가 ⑤ 조정대상지역 3주택 : 33% 추가 ④, ⑤는 한시적 중과배제(2022. 5. 10~2023. 5. 9) ⑥ 분양권 보유기간 1년 미만 : 77% ⑦ 분양권 보유기간 1년 이상 : 66%		과세표준	세율(%)
		1억 원 이상	10%
		1억 원 초과 ~ 5억 원 이상	20%
		5억 원 초과 ~ 10억 원 이상	30%
		10억 원 초과 ~ 30억 원 이상	40%
		30억 원 초과	50%

누진세율의 적용사례

나열심 씨는 세금과 관련해서 억울한 사실을 알게 되었습니다. 남들 잘 때 잠도 안 자고 열심히 번 돈은 비록 남들보다 더 열심히 일을 해서 번 소득이지만, 세금이 더 많이 나온다는 것을 알았습니다.

나열심 씨는 작년 1년 동안 1,200만 원의 급여를 받았습니다. 소득세는 6% 세율을 적용받아 72만 원을 부담했습니다(소득공제 및 세액공제나 감면은 없음을 가정, 급여=과세표준).

이번 연도에도 직장생활을 해서 1,200만 원의 급여를 받았습니다(6%, 72만 원). 그리고 밤에 잠을 줄여서 대리운전을 하고, 1년간 1,200만 원을 더 벌었습니다. 그런데 잠도 안 자고 추가로 번 돈은 세금이 180만 원이나 발생되었습니다(적용되는 세율은 6%가 아닌 15%, 세금도 72만 원의 2배가 아닌 180만 원).

그래서 절세훈남 이 세무사에게 질의한 결과, 다음과 같은 답변을 받았습니다.

"우리나라 소득세는 종합소득에 누진세율을 적용하기 때문에 소득이 커질수록 적용되는 세율도 높아집니다. 만약 근로소득과 사업소득을 각각 분류해서 과세한다면 세금은 크게 줄어들 것입니다. 또한, 1명의 이름으로 2,400만 원의 소득을 발생시키지 않고, 2명이 각각 1,200만 원의 소득을 발생시킨다면, 누진세율이 높아지는 것을 방지할 수 있습니다."

2명의 이름으로 근로소득과 사업소득을 각각 발생시킨 경우 세금 합계액

근로소득 1,200만 원은 6% 세율로 72만 원
사업소득 1,200만 원도 6% 세율로 72만 원

합계 : 144만 원

VS

1명의 이름으로 근로소득과 사업소득을 발생시킨 경우 세금 합계액

근로소득 1,200만 원은 6% 세율로 72만 원
사업소득 1,200만 원은 15% 세율로 180만 원

합계 : 252만 원

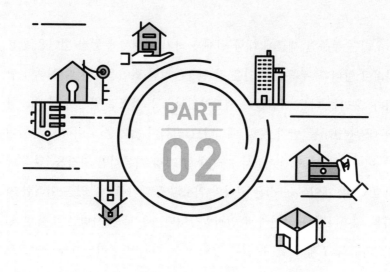

PART

02

부동산 법인이란
무엇인가요?

① 부동산 법인이란 무엇인가요?

우리는 부동산 세금에 대한 절세를 하기 위해서 부동산 법인을 활용하려고 합니다. 부동산 법인을 잘 활용하려면 법인을 먼저 이해해야 합니다. 우리는 다른 사람들과 생활하면서 기본적으로 받아야 할 최소한의 대우(=권리)를 받지 못할 때 "나도 인격이 있거든…"이라고 말합니다. 이때 말하는 인간으로서 누려야 할 가장 기본적인 자격을 '인격'이라고 하며, 개인(=자연인)은 권리와 의무의 주체가 될 수 있는 이러한 자격을 태어나면서 당연하게 인정받습니다. 즉 모든 사람은 법률상 권리·의무의 주체가 될 수 있는 능력 또는 자격인 권리능력을 출생으로 당연히 가지며, 민법에서도 '사람은 태생적으로 권리와 의무의 주체가 된다'라고 규정하고 있습니다.

이러한 권리능력은 법인에게도 인정되고 있으며, 자연인의 권리능력은 출생에 의해 발생되는 반면, 법인은 설립등기로 법에 의해 권리능력을 인정받습니다. 개인은 주민등록번호가 부여되어 다른 개인과 구분이 되며, 법인은 법인등록번호가 부여되어서 개인과 법인이 다른 인격임을 나타내고 있습니다.

법인도 개인과 같이 부동산을 취득할 수 있는 권리가 부여되었으며, 사업을 할 수 있는 권리와 능력이 있기 때문에 우리는 법인을 통해서 부동산을 취득하고, 보유하며, 양도할 수 있습니다. 무엇보다도 중요한 것은 법원에 설립등기 신청을 해서 인정받은 권리능력이기 때문에 이 모든 것은 합법적이라는 것입니다.

부동산 법인은 누진세율을 적용하는 세금에 있어서 우리의 재산이나 소득이 한 바구니가 아닌, 또 다른 바구니에 담을 수 있어 세금을 낮추는 절세의 일등공신 역할을 하기도 합니다.

법인과 회사

1 법인

설립등기로 인해서 법에 의해 권리능력을 인정받는다. 즉 법에서 정한 인격체로 자연인이 가지고 있는 권리 중 법에서 허용된 권리능력을 보유한다.

2 회사

- 상법상 회사(상법 제169조)
'회사'란 상행위나 그 밖의 영리를 목적으로 해 설립한 법인을 말한다.

- 회사의 종류(상법 제170조)
회사는 합명회사, 합자회사, 유한책임회사, 주식회사와 유한회사의 5종으로 한다.

 ② 부동산 법인, 과연 좋은가요?

정답은 좋을 수도 있고, 좋지 않을 수도 있습니다. 옛날 황희 정승의 유명한 판결인 "그래, 너의 말도 맞고, 또 다른 사람인 너의 말도 맞다"라는 일화와 동일하다고 봅니다.

상황 및 사람에 따라서 법인은 좋을 수도 있고, 나쁠 수도 있습니다. 투자자들이 본인에게 처한 상황을 잘 판단하고, 그 후 부동산 법인을 만들어 투자를 할 것인지, 아니면 개인으로 투자를 계속할 것인지를 판단해야 할 것입니다.

　부동산 법인을 운영하려면 법인설립등기(=법원)는 물론이고, 사업자 등록(=세무서)을 해야 합니다. 부동산 법인을 만들기 전에 먼저 판단해야 할 중요한 것은, 부동산 법인을 만든다는 것은 부동산을 통해 사업을 한다는 뜻입니다. 사업자의 마인드에서 본다면 더 많은 소득을 위해 투자를 해야 한다는 것입니다. 즉 부동산 법인은 투자에 발생되는 비용이 개인보다 많이 발생할 수 있음을 잘 알고, 진행해야 합니다.

　그 투자(=비용)를 통해서 더 많은 절세를 할 수 있기 때문에 투자가 더 많이 발생할 수 있다는 생각으로 절세에 임해야 부동산 법인의 진정한 절세 효과를 실현시킬 수 있음을 알아야 합니다. '그냥 경험 삼아 한 번 만들어 봤는데…'라는 식의 접근이나 부동산 법인으로 몇 개 구입했다가 바로 정리할 수 있는 것이라는 방식의 생각이면, 처음부터 부동산 법인을 설립한다는 생각을 버리는 것이 맞습니다.

　부동산 법인은 만들 때부터 비용이 발생합니다. 법무사 사무실을 통해 법인설립등기를 해야 하는데, 이때 법무사 수수료와 설립등기비용이 발생합니다. 또한 법인의 중요사항이 변경 될 때마다(예 : 대표이사의 주소변경 또는 본점의 주소변경) 법무사 수수료가 발생되며, 지점 개설 시에나 임원 재선임 등기 등 크지는 않지만, 비용들이 발생합니다. 그리고 세무사 사무실 관련 기장료와 조정료라는 비용이 발생하며, 이러한 비용들 때문에 부동산 법인에 대한 후회를 하기도 합니다. 하지만 투자 없이는 소득도 없듯 이 모든 비용도 또 하나의 소득 창출(절세)을 위한 투자라고 생각해야 합니다. 이러한 추가적인 업무와 비용들에 스트레스를 받는 투자자라면, 부동산 법인은 절대 생각도 하지 말아야 합니다.

3 법인기업과 개인기업의 차이점은 무엇인가요?

세율 차이의 활용

법인기업과 개인기업의 가장 큰 차이는 세율 차이의 활용입니다. 개인에게 적용되는 세율은 '45%(소득세) + 4.5%(지방소득세 = 과거 주민세) + 건강보험료'로 소득을 많이 남기는 사람은 남은 금액의 50% 이상의 세금과 공과금 등을 부담합니다.

물론 여기에 조정대상지역주택으로써 2주택자가 판매하는 주택은 20%+2%를 더 부담해야 하며, 3주택자의 경우 30%+3%가 추가되므로, 그 세율은 엄청나다고 할 것입니다(22%와 33% 세율 적용은 2022. 5. 10~2023. 5. 9까지 한시적 중과 유예). 반면 법인은 소득금액 2억 원까지는 10%+1%의 세율을 적용받습니다(2022 개정세법(안) 통과 시 부동산 매매법인은 2억 원~5억 원까지도 11% 적용 가능).

물론 다주택 중과성격의 토지 등 양도소득에 대한 법인세 20%+2%를 추가로 반영하면 33%를 적용받지만, 개인사업자의 부동산 소득이나 양도소득으로 신고하는 것에 비하면 세금 차이는 많을 수 있습니다.

[자료 9-1] 개인의 종합소득세율 및 양도소득세율

소득구간	세율	누진공제
1,200만 원 이하	6%	
1,200만 원 초과~4,600만 원 초과	15%	108만 원
4,600만 원 이하~8,800만 원 이하	24%	522만 원
8,800만 원 초과~1억 5,000만 원 이하	35%	1,490만 원

소득구간	세율	누진공제
1억 5,000만 원 초과~3억 원 이하	38%	1,940만 원
3억 원 초과~5억 원 이하	40%	2,540만 원
5억 원 초과~10억 원 이하	42%	3,540만 원
10억 원 초과	45%	6,540만 원
조정대상지역 2주택 추가과세	위 적용세율 + 20% + 2%	2022. 5. 10~ 2023. 5. 9까지 한시적 중과유예
조정대상지역 3주택 추가과세	위 적용세율 30% + 3%	
보유기간 1년 미만 판매	50% + 5%	주택·조합원 입주권·분양권 70% + 7%
보유기간 1년 이상 2년 미만 판매	40% + 4%	주택·조합원 입주권·분양권 60% + 6%
2년 이상 보유 분양권	60% + 6%	분양권은 2년 이상 보유해도 60% + 6%

[자료 9-2] 법인세율

과세표준	세율	누진공제
2억 원 이하	10%	
2억 원 초과 200억 원 이하	20%	2,000만 원
200억 원 초과 3,000억 원 이하	22%	4억 2,000만 원
3,000억 원 초과	25%	94억 2,000만 원

2022 개정세법(안) 통과 시 부동산 매매법인은 2억 원~5억 원 이하 구간도 10% 적용 가능합니다.

기타 개인기업과 법인기업의 차이

개인기업과 법인기업의 큰 장점은 앞의 세율 차이를 활용한 절세이고, 그 외는 [자료 10]에서 차이점을 확인할 수 있습니다.

[자료 10] 개인기업과 법인기업의 차이점

구분	개인기업	법인기업
설립 절차	간단 (세무서에 사업자등록 신청만 하면 됨)	복잡 (법원 신청 → 승인절차 → 세무서 사업자등록)
설립비용	세무서 방문해서 신청서 작성만 하기 때문에 비용이 거의 발생하지 않음.	세금 등 발생 – 설립등기비용 – 등록면허세 – 채권매입비용
세율	6.6%~49.5% 8단계 초과누진세율 (지방소득세 포함) 조정대상지역의 주택의 경우 (22% 추가, 33% 추가)	11%~27.5% 4단계 초과누진세율 (주택과 비사업용 토지 판매는 22% 추가)
소득의 사용	높은 세율의 세금을 부담하고, 나머지 금액을 규제 없이 사용	낮은 세율의 세금을 부담 후 나머지 금액을 법정방식으로 사용(급여 배당 퇴직금 등으로 사 용 시 추가로 세금 발생 가능)
대표자 급여 및 대표자 퇴직금	비용처리 불가	비용처리 가능
대표자 가족급여	비용처리 가능	비용처리 가능
책임의 범위	사업상 채무 : 무한책임	사업상 책임 : 유한책임

4 법인세의 종류에 대해서 알고 싶어요

법인세의 개념

우리가 부동산 법인을 통해 얻으려고 하는 절세항목은 무엇일까요? 가장 먼저 판단해야 할 절세는 소득세이며, 소득세는 다음과 같이 계산됩니다.

$$
\begin{array}{r}
수익 \\
- \; 비용 \\
\hline
= \; 소득 \\
\times \; 세율 \\
\hline
= \; 소득세
\end{array}
$$

법인이 얻는 소득에 대해 세율을 적용해서 계산하는 것이 법인소득세이며, 우리는 이를 줄여서 '법인세'라고 합니다.

법인세의 종류

부동산 법인의 법인세 종류는 4가지가 있습니다.
① 각 사업연도 소득에 대한 법인세
② 청산소득에 대한 법인세
③ 토지 등 양도소득에 대한 법인세
④ 미환류 소득에 대한 법인세(조세특례제한법 100조의 32)

① 각 사업연도 소득에 대한 법인세

각 사업연도란 매년이라는 의미와 동일합니다. 법인의 각 사업연도 익금(=수익)에서 손금(=비용)을 공제한 금액을 말합니다. 법인이 매 사업연도마다 얻은 이윤으로써 전형적이고 기본적인 과세소득입니다. 또한 각 사업연도 소득에 대한 법인세는 1년 단위로(1월 1일~12월 31일까지의 소득) 매년 계산해서 신고·납부를 하는 세금입니다.

- 각 사업연도 : 세금 계산의 기간 단위로, 보통 1월 1일~12월 31일까지를 의미합니다.
- 익금(= 수익) : 사업으로 발생한 수익으로 생각하면 됩니다.
- 손금(= 비용) : 사업 관련 발생한 비용으로 생각하면 됩니다.
- 소득(= 익금 – 손금) : 일정 기간 사업으로 남은 이윤을 의미합니다.

② 청산소득에 대한 법인세

많은 투자자들이 청산소득에 대한 법인세를 모른 채 법인을 설립합니다. 부동산 법인을 만들어 몇 개 사고팔아 낮은 세율을 부과받고 폐업하면 문제없다는 잘못된 컨설팅을 받고 있기 때문에 이에 대해 정확한 이해가 필요합니다.

부동산 법인이 보유하고 있는 재산은 법인의 장부에 기록되어 관리되고 있습니다. 이때 법인장부에 기록되어 있는 금액은 취득 시점의 금액이며, 상승분은 반영하고 있지 않습니다. 즉 장부에 기록된 금액과 시가와의 차이는 부동산이 판매되었을 때 소득으로 계산되어 각 사업연도 소득으로 세금이 부과됩니다.

그런데 판매를 하면 세금이 부과되므로, 판매하지 않고 폐업하면 어떻게 될까요? 법인에 남아 있는 상태에서 폐업을 했을 때 세금이 부과되지 않는다면, 많은 법인이 세금을 내지 않고 폐업을 하려고 할 것입니다. 이를 방지하기 위해서 법인세법은 청산시점에 시세와 취득가격의 차액에 대한 세금을 부과하는데, 이를 '청산소득에 대한 법인세'라고 합니다.

국세청은 부동산 법인을 만들어 세금을 정상적으로 내지 않은 채, 또 다른 부동산 법인을 만들어 운영하는 법인에 대한 대대적인 조사를 한 경우가 많이 있습니다.

제주도에서 농업회사법인을 만들어 운영하던 A법인은 토지를 매입 후 부동산 매매소득에 대한 법인세를 내지 않고, 다른 사람 이름으로 또 다른 법인을 만들어 토지를 매입 후 판매를 시도하던 중 세무조사를 받게 되었습니다.

세금 탈세는 조세범처벌법으로 형사처벌까지 받을 수 있기 때문에 세금도 세금이지만, 구속이 될 수도 있음을 반드시 인지해야 합니다.

조세범 처벌법 제3조(조세 포탈 등)

① 사기나 그 밖의 부정한 행위로써 조세를 포탈하거나 조세의 환급·공제를 받은 자는 2년 이하의 징역 또는 포탈세액, 환급·공제받은 세액(이하 '포탈세액 등'이라 한다)의 2배 이하에 상당하는 벌금에 처한다. 다만, 다음 각 호의 어느 하나에 해당하는 경우에는 3년 이하의 징역 또는 포탈세액 등의 3배 이하에 상당하는 벌금에 처한다.

  1. 포탈세액 등이 3억 원 이상이고, 그 포탈세액 등이 신고·납부하여야 할 세액(납세의무자의 신고에 따라 정부가 부과·징수하는 조세의 경우에는 결정·고지하여야 할 세액을 말한다)의 100분의 30 이상인 경우

  2. 포탈세액 등이 5억 원 이상인 경우

② 제1항의 죄를 범한 자에 대해서는 정상(情狀)에 따라 징역형과 벌금형을 병과할 수 있다.

❸ 토지 등 양도소득에 대한 법인세

법인이 일정한 부동산[토지 또는 주택(별장 포함)]을 판매함으로써 발생하는 소득에 대해 법인세에 추가해서 과세하는 소득입니다.

❹ 미환류소득에 대한 법인세(조세특례제한법 100조의 32)

미환류소득에 대한 법인세는 일반적인 부동산 법인에는 적용되지 않습니다. 자기자본이 500억 원 초과 법인(중소기업은 제외)이나 상호출자제한기업집단에 속하는 법인이 기업 소득 중 일정액을 투자나 임금 등으로 사용하지 않고, 기업에 적립하고 있을 때 과세하는 법인세입니다.

부동산 법인은 주택 판매 시 추가 세금이 발생한다고 하는데, 맞나요?

우리는 법인의 소득에 대해 크게 4가지로 법인세가 과세된다는 것을 알았습니다. 그 4가지 법인세 중 토지 등 양도소득에 대한 법인세라는 것이 있었는데, 투자자들은 이러한 세금을 주택 판매 시 추가 법인세가 발생한다고 합니다.

특정 부동산의 처분으로 소득 발생 시 내는 세금

= 각 사업연도 소득에 대한 법인세 + 토지 등 양도소득에 대한 법인세

토지 등 양도소득에 대한 법인세

법인이 일정한 부동산을 양도함으로써 발생하는 소득을 말합니다. 이는 법인의 부동산 투기를 방지하기 위해서 세금을 한 번 더 추가로 과세하는 개념입니다.

토지 등 양도소득에 대한 법인세가 부과되는 부동산

- 주택 및 별장
- 주택 취득 권리로서의 조합원입주권
- 주택 취득 권리로서의 분양권
- 비사업용 토지

토지 등 양도소득에 대한 법인세를 부과하는 이유

법인의 부동산 투기를 방지하기 위해서 법인세를 부과하고, 세금을 한 번 더 추가로 과세하는 개념입니다.

토지 등 양도소득에 대한 법인세의 계산

토지 등 양도소득을 계산해서 세율을 곱하면, 토지 등 양도소득에 대한 법인세가 계산이 됩니다.

❶ 토지 등 양도소득 계산

$$양도금액(= 판매금액)$$
$$- 장부가액(= 취득금액 등)$$
$$\overline{}$$
$$= 토지 등 양도소득$$

❷ 양도소득에 세율을 곱해서 계산

- 토지 등 양도소득세 세율의 적용

$$토지 등 양도소득$$
$$\times \qquad 세율$$
$$\overline{}$$
$$토지 등 양도소득세$$

- 토지 등 양도소득에 대한 법인세 세율

비사업용 토지 : 10%(미등기 40%)

주택 및 별장 : 20%(미등기 40%)

조합원 입주권 및 분양권 20%

토지 등 양도소득에 대한 법인세가 과세가 되지 않는
부동산(미등기 제외)

다음의 양도소득은 토지 등 양도소득에 대해서 법인세가 과세되지
않습니다.

❶ 주택

- '민간임대주택특별법'의 임대주택으로 일정요건을 갖춘 주택
- '공공주택 특별법'의 임대주택으로 일정요건을 갖춘 주택
- 사택(출자임원 제외) 및 그 외 무상 임대주택으로 그 기간이 10년 이상인 주택
- 저당권 실행이나 채권변제를 대신해 취득한 주택으로 3년 이내 양도주택
- 주택을 신축 판매하는 법인이 보유하는 주택
- 그 외 부득이한 사유로 보유하는 주택으로, 기획재정부령으로 정하는 주택

❷ 토지(=비과세)

- 주택을 신축 판매하는 법인이 보유하는 주택의 부수 토지로, 일정 면적 이내의 토지
- 파산선고에 의한 토지 등의 처분으로 인해서 발생하는 소득
- 법인의 직접 경작 농지로 일정 요건을 충족하는 농지의 교환이나 분합으로 인한 발생소득
- 도시개발법이나 그 외 법률에 의해서 환지처분으로 지목 또는 지번이 변경되거나 체비지 충당으로 발생하는 소득
- 양도로 보지 않는 교환으로 발생한 소득(소득세법 시행령 제152조 제3항) 참고
  * 2009년 3월 16일~2012년 12월 31일까지 취득한 자산은 토지 등 양도소득에 대한 법인세를 과세하지 않는다.

6. 주택임대사업자(임대주택) 등록을 하는 것이 부동산 법인보다 좋은가요?

과거에는 개인이 부동산을 사고파는 데 있어서 주택임대사업자(=임대주택) 등록을 하면 혜택이 많아서 부동산 법인이 필요 없었습니다. 하지만 지금은 주택임대사업자(=임대주택) 등록을 해도 큰 혜택이 없기 때문에 부동산 법인의 필요성이 커지고 있습니다. 과거의 정책이 어떻게 변해서 현재에 적용되는지 간단히 알아보겠습니다. 8·2대책 발표 당시 정부는 주택가격 안정화와 서민들의 주택주거 안정화의 두 마리 토끼를 잡기 위해 많은 부동산 정책을 쏟아냈습니다. 하지만 이러한 정책들을 비웃듯 정책의 허점(?)을 정확하게 파악한 부동산 투자자들은 정부 정책의 혜택을 등에 업고, 더 많은 주택을 매입하기 시작했습니다.

주택임대사업자란 ①의 사업자등록과 ②의 사업자등록을 하고, 일정 요건을 충족한 사업자입니다.

① 민간임대주택에 관한 특별법에 따른 사업자등록
② 세법 규정에 의한 사업자등록

2017년 6월 19일 발표한 대응방안(제1차 부동산 규제)

주택 시장의 안정적 관리를 위한 선별적·맞춤형 대응방안으로 다음과 같은 정책들이 실시되었습니다.

❶ 시스템을 활용한 불법행위 모니터링 강화를 통한 허위신고나 투자 세력의 근절을 위한 부동산 거래 불법행위 조사 강화

실거래가 신고내역, 아파트 청약시스템 등의 행정정보 분석을 통한 불법행위 적발을 강화하고, 시장 질서 교란행위자에 대한 수사실시 등 직접적인 적발 활동을 강화했으며, 집값 안정 시까지 모니터링 실시 방안을 발표했습니다.

조사대상

① 다수의 주택 거래자 중 실거래가 신고 위반 의심자

② 과다청약 신청자

③ 위장전입 의심자

❷ 과태료 감면 및 신고포상금(과태료의 20% 최대 1,000만 원) 제도 도입

실거래가 허위신고에 대한 신고제도 활성화를 위해서 과태료 감면* 및 신고포상금** 제도를 도입했습니다.

 * 조사 전 자진 신고 시 : 과태료 100% 감면·조사 후 자료 제공·협조 : 과태료 50% 감면
 ** 과태료의 20% 최대 1,000만 원

❸ 관계기관 합동 불법 거래행위 현장 점검

 • 관계기관 : 국토교통부, 국세청, 경찰청, 지자체로 합동 점검반 구성

 • 지도 점검 장소 : 모델하우스 주변, 재건축 예정지역 인근 중개업소

 • 점검 내용 : 임시중개시설, 분양권 불법 전매, 실거래가 신고 위반, 청약통장거래, 공인중개사법 위반 등

8·2(2017년 8월 2일 발표) 주택 시장 안정화 대책 추가 발표

❶ 8·2대책의 취지와 내용(제2단계 시장 안정화 방안 : 8·2대책 발표 브리핑 내용)

정부는 첫 번째 규제에도 투자 수요가 근절되지 않자, 2017년 8월 2일, 실수요 보호와 단기 투자 수요 억제를 통한 주택 시장 안정화 방안을 발표했습니다. 투기지역과 투기과열지구(8월 3일자로 지정·효력 발생)를 조정대상지역(2016년 11월 3일·2017년 6월 19일 대책)·기타지역으로 구분해서 조정대상지역의 부동산에 대해서 세금을 통한 규제를 다음과 같이 강화했습니다.

가. 조정대상지역에 적용

　　㉠ 2018년 4월 1일 이후 양도하는 주택부터 적용
　　　• 장기보유특별공제 배제
　　　• 다주택자 양도소득세율 중과(2주택자 : 기본세율+10%, 3주택 이상 : 기본세율 +20%)
　　㉡ 2017년 8월 3일 이후 취득하는 주택부터 적용
　　　• 1세대 1주택 양도세 비과세 요건 강화(2년 거주요건 추가)
　　㉢ 2018년 1월 1일 이후 양도하는 분양권부터 적용
　　　• 분양권 전매 시 양도소득세 강화
　　　　조정대상지역 분양권 전매 시 보유기간 상관없이 55% 세율 적용
　　㉣ 다주택자의 임대, 주택 등록 유도
　　　• 자발적 임대주택 등록을 유도해, 등록 임대주택 확충 및 공정 과세의 기반 마련 등 다주택자의 사회적 책임을 강화

□ 세제, 기금, 사회보험 등 인센티브를 강화해 임대주택 등록을 유도하고, 필요시 등록 의무화 여부 검토

- 등록 임대주택은 다주택자 양도소득세 중과 및 장기보유특별공제 배제 대상에서 제외 등
- 그 외의 세제, 기금 등과 관련된 인센티브 제공

  (임대주택 등록 시 최대 취득가격의 80%까지 대출)

☐ 인센티브 확대에도 자발적 등록이 저조할 경우, 일정 수 이상의 주택을 보유한 다주택자의 임대주택 등록 의무화 방안도 검토

② 투기과열지구 내에서 주택 거래 시 적용

가. 자금조달계획 등 신고 의무화

☐ (현행) 모든 부동산 거래는 '부동산 거래신고 등에 관한 법률'에 따라 계약 당사자, 계약일, 거래가액 등을 신고하도록 의무화

- 투기가 발생할 우려가 있는 지역은 주택거래신고지역으로 지정해 자금조달계획 등을 신고하도록 했으나, 2015년 동 제도 폐지

☐ (개선) 투기과열지구 내에서 주택 거래 시 자금조달계획 및 입주계획 등의 신고를 의무화

- 민간택지, 공공택지 모두 적용
- (대상) 투기과열지구 내 거래가액 3억 원 이상 주택(분양권, 입주권 포함)
- (신고내용) 기존 '부동산 거래신고 등에 관한 법률'의 계약 당사자, 계약일, 거래가액 외에 자금조달계획 및 입주계획 추가

- 부동산 거래계약 신고 시 자금조달계획, 입주계획 등 관련 서
  식에 따라 제출
- (자료 활용) 자금출처 확인 등을 통해 증여세 등 탈루 여부 조
  사, 전입신고 등과 대조해 위장전입, 실거주 여부 확인 등에
  활용
- (벌칙) 미신고자, 허위신고자 등에 대해서는 과태료 부과

☐ (조치계획) '부동산 거래신고 등에 관한 법률 시행령' 개정(2017. 09)
- 시행령 시행일 이후의 주택거래는 자금조달계획 및 입주계획
  신고 의무 부여

❸ 8·2대책의 결과

• 정부가 부동산 상승지역을 분석, 선별, 발표

정부가 발표한 투기지역·투기과열지구·조정대상지역·기타지
역은 주택의 향후 가치 상승 가능성이 큰 지역을 투자자에게 선
별해 발표하는 결과를 가져왔습니다.

• 정부가 부동산 상승지역 주택 구입자금 지원

또한, 주택임대사업자(=임대주택) 등록 시 대출혜택까지 부여해서
주택구입자금을 지원하는 역할을 정부가 주도한 결과를 가져왔
습니다.

• 정부가 부동산 상승지역 주택을 구입하면 세제혜택 추가 지원

주택임대사업자(=임대주택) 등록 시 8·2대책 규제에서 제외되는
혜택을 동시에 부여를 했기 때문에 투자자들은 정확하게 어디

에 구입을 해야 하는지, 돈은 어떻게 마련하는지, 세제혜택을 어떻게 받을 수 있는지를 알게 되었습니다.

9·5(2017년 9월 5일 발표, 9월 6일부터 지정 효력 발생) 주택 시장 안정화 대책 추가 발표

① **대구광역시 수성구**(조정대상지역은 아님)**와 경기도 성남시 분당구도 투기 과열지구에 편입**

② **집중 모니터링 지역**(시장이 과열되었거나 과열 우려로 판단되는 지역) **도입 및 판단**

8·27(2018년 8월 27일 발표, 8월 28일부터 지정 효력 발생) 주택 시장 안정화 대책 추가 발표

투기지역·투기과열지구·조정대상지역 추가 및 조정대상지역 해제 추가. 단, 지정공고 전 계약체결 + 계약금지급분은 조정대상 규제 배제.

추가	투기지역	서울(종로구, 중구, 동대문구, 동작구)
	투기과열지구	광명시, 하남시(기존 조정 대상지역)
	조정대상지역	구리시, 안양시 동안구, 광교택지개발지구
해제		부산시 기장군(일광면 제외)

9·13(2018년 9월 13일 발표) 주택 시장 안정화 대책 추가 발표

8·2대책에서 주택임대사업자(=임대주택) 등록 시 부여했던 혜택 취소 발표.

① 종합부동산세 과세강화

- 비과세 제외 : 조정대상지역 신규 취득 임대주택 종합부동산세 과세
  대책 발표 후 신규취득 주택부터 적용(대책 발표 전 계약체결 + 계약금 지급 시 종전규정 적용)
  2019년 1월 1일 이후 납세의무가 성립하는 분부터 적용
  ㉠ 종합부동산세 공정시장가액비율 추가 상향조정
    현재 80%이며, 연 5%p씩 100%까지 인상(2022년 100%)
  ㉡ 고가주택 등 세율 인상
    − 1주택자 종합부동산세 과세대상 기준금액 인하
    − 조정대상지역 2주택자 추가과세
    − 3주택 이상자 추가과세
  ㉢ 조정대상지역 외 2주택 및 고가 1주택에 대한 세율 인상
  ㉣ 세 부담 상한기준 상향
    조정대상지역 2주택자 및 3주택 이상자는 150→300%
    1주택자 및 기타 2주택자는 현행(150%) 유지

② 양도소득세 과세강화(조정대상지역 신규취득 임대주택이 대상)

- 조정대상지역 일시적 2주택자, 양도세 비과세기준 강화
  조정대상지역 일시적 2주택자는 신규주택 취득 후 2년 이내에 종전주택을 양도해
  야 양도세 비과세(기존 3년 → 2년) (기존주택과 신규주택이 모두 조정지역일 때 적용)
  대책 발표 후 새로 취득분 주택부터 적용(대책 발표 전 계약체결 + 계약금 지급 시 제외)

- 고가 1주택자 장기보유특별공제 요건 강화(기존 : 거주기간 요건 없이 보유기간 기준
  최대 80%)
  2년 이상 거주한 경우에 한해 장기보유특별공제(10년, 최대 80%) 적용
  2년 미만 거주 시 일반 장기보유특별공제(15년, 최대 30%) 적용
  2020년 1월 1일 이후 양도분부터 적용

- 조정대상지역 신규 취득 임대주택 양도세 중과
  1주택 이상자가 조정대상지역에 새로 취득한 주택은 8년 장기 임대주택 등록 시에
  도 양도세 중과
  대책 발표 후 새로 취득분 주택부터 적용(대책 발표 전 계약체결 + 계약금 지급 시 제외)

등록 임대주택 양도소득세 감면 요건에 주택가액 기준 추가

(조세특례제한법 시행령 97조의 3 ⑤항)

등록 임대주택에 대한 양도소득세 2가지 감면 유형에 기존 국민주택
규모 이하 요건 이외에 임대 개시 당시 수도권 6억 원 이하의 주택(비수
도권 3억 원) 신규 요건 추가

[주거전용면적 85㎡(수도권 밖 읍·면 지역은 100㎡) 이하]

대책 발표 후 새로 취득하는 주택부터 적용하며, 대책 발표 전 매매 계약을 체결하고 계약금을 지불한 경우에는 종전 규정을 적용

감면유형 1. 양도소득세 100% 면제
2018년 12월 31일까지 취득한 주택으로 취득일로부터 3개월 내 임대 등록한 주택에 한함

감면유형 2. 장기보유특별공제 50%(70%)(80%)적용
50% : 8년 이상 10년 미만 임대
70% : 10년 이상 임대
80% : 2019년 양도분부터 8년 이상 임대 시

12·16(2019년 12월 16일 발표) 주택 시장 안정화 대책 추가 발표

① 종합부동산세 과세강화

구분	대책 내용	적용시기
종합 부동산세	① 종합부동산세 세율 상향	2020년 종합부동산세 납부분부터
	② 조정지역 2주택 세부담 상한 상향조정	
	③ 1주택 고령자 및 장기보유자 세액공제 확대	

② 양도소득세 과세강화

구분	대책 내용	적용 시기		
양도소득세	① 1주택 장기보유특별공제에 거주기간 추가 (기존 : 2년 거주 시 보유기간 기준 최대 80% 적용) (변경 : 2년 거주 시 보유기간 공제 최대 40%+거주기간 공제 최대 40%)	법률 개정	2021년 1월 1일 이후 양도분부터	
	② 2년 미만 보유 주택에 대한 양도세율 인상		2년 이상 : 기본 세율 1년 이상~2년 미만 : 40% 1년 미만 : 50%	
	③ 다주택 양도소득세 중과 시 분양권도 주택 수 포함			
	④ 조정대상지역 임대주택에 비과세 적용 시 거주요건 추가	시행령 개정	2019년 12월 17일 이후 임대등록하는 주택부터	
양도소득세	⑤ 조정대상지역 일시적 2주택 1주택 비과세 요건 강화 신규주택 취득일부터 1년 이내(기존주택 양도 신규주택 전입)	시행령 개정	2019년 12월 17일 이후 취득하는 주택부터	㉠ 기존주택과 신규주택이 모두 조정지역인 경우 적용 ㉡ 신규주택 임차인 존재 시 임대차기간이 1년 이상 남은 경우 최대 2년까지 보장 ㉢ 대책 발표 전 계약+계약금 지급 시 종전 규정 적용
	⑥ 다주택자 한시적 양도소득세 중과 배제		2019년 12월 17일 ~ 2020년 6월 30일 양도하는 주택	

2022년 시행령 개정으로 ④ 항목은 상생임대주택 해당되면 거주요건 인정
⑤ 항목에 신규주택 전입요건 삭제 + 2년 이내 기존주택 양도

❸ 시장 거래 질서 조사체계 강화

자금조달계획서 제출 대상 확대 및 신고항목 구체화 + 자금조달계획

가. 자금조달계획서 제출대상 확대 및 신고항목 구체화

□ (현행) 자금조달계획서 제출대상이 투기과열지구 내 3억 원 이상 주택 취득 시로 제한되어 있어,

- 과열 우려가 있는 조정대상지역 및 비규제지역 투기적 수요 조사에는 한계가 있고, 신고 항목의 구체성도 부족

□ (개선) 자금조달계획서 제출대상을 투기과열지구·조정대상지역 3억 원 이상 주택 및 비규제지역 6억 원 이상 주택 취득 시로 확대 (시행령)

- 위법 가능성이 높은 항목 구체화 및 지급수단 기재 추가*(시행규칙), 실거래 조사 시 자금조달 확인서 징구 신설(훈령) 등

  * ㉠ 증여·상속, 기타 차입금의 자금 제공자 관계, ㉡ 현금 등 기타 항목 자산 종류,
    ㉢ 계좌이체·현금지급 등 자금 지급수단 기재 추가, ㉣ 주담대와 신용대출 구분 등

□ (적용시기) '부동산거래신고법 시행령' 등 개정 후 즉시 시행(2020년 3월)

나. 자금조달계획서 증빙자료 제출

□ (현행) 실거래 신고 시 객관적인 자금조달 증빙자료가 부재해 매매 거래가 완결된 거래건만 소명자료를 받아 조사 중

- 비정상 자금조달 등 이상거래 신속 대응과 선제적 조사가 곤란

□ (개선) 투기과열지구 9억 원 초과 주택 실거래 신고 시 자금조달계
획서와 함께 신고 관련 객관적 증빙자료를 제출토록 함.*

* (예시) ㉠ 자기자금(소득금액증명원 등), ㉡ 현금·금융기관 예금액(증빙 가능 예·적금 잔고 등),

㉢ 임대보증금(전세계약서 등), ㉣ 거래 가능 여부 확인(분양권 전매제한 예외 증빙서류 등)

• 증빙자료를 확인해 이상거래 의심 시* 실거래 상설조사팀 조사
즉시 착수 → 과태료 부과·관계기관 통보 등 조치

* (의심사례 예시)

㉠ 소득금액이 없는 미성년자가 증여신고 없이 자기자금 과다 보유

㉡ 소득금액이 크지 않은 20대가 현금·금융기관 예금액 등 자기자금 과다 보유

㉢ 대출 규제 초과하는 '임대보증금 포함 주택' 매수자가 주택담보대출 실행

□ (적용시기) '부동산거래신고법 시행령' 개정 후 즉시 시행(2020년 3월)

다. 고가주택에 대한 자금출처 전수 분석 및 법인 탈루 혐의 정밀 검증

□ (내용) 자금조달계획서 등을 활용해 고가주택의 자금출처를 국세
청이 전수 분석하고 탈세 혐의자는 예외 없이 세무조사

• 다주택자에 대한 조세부담 회피를 위해 설립한 부동산업 법인
의 탈루 혐의에 대해 국세청 정밀 검증

* 9·13대책 이후 조세부담 회피 등을 위한 부동산업 법인설립이 급증함에 따라
성실신고 여부 검증 필요(2017년 7,282건 → 2018년 7,332건 → 2019년 10,245건 / 매
년 1~9월 기준)

라. 실거래 조사 및 정비사업 합동점검 상시화

□ (현행) 실거래 관계기관 합동조사 1차 결과 기발표(11. 28)

* 8~9월 신고된 28,140건 중 이상거래(2,228건, 전체의 약 8%) 추출 → 계약 완료된 1,536건 조사 → ㉠ 탈세의심 532건 국세청 통보, ㉡ 대출규정 미준수 23건 금융위 등 통보

* 10월 신고내역(1.7만 건) 등에 대해 고강도 집중 조사 지속해서 내년 초 2차 조사결과 발표 예정

□ (개선) 국토교통부·감정원에 상설조사팀을 신설하고, 국토교통부 조사팀에 부동산 조사 전담 특사경 인력을 증원(現 6명) 배치해 불법행위 단속(2020년 2월)

* (국토교통부) 국세청·금융위·금감원·감정원 파견 포함 10~15명 내외로 팀 구성 (특사경 인원 증원 추진)

(감정원) 전담인력 10명(본사, 신규)과 기존인력 30명(지사) 등 총 40명으로 구성

• 상설조사팀은 부동산 분야 전담 조사기구로서 불법행위* 수사 등 사법적 조치, 실거래 직권 조사, 관계기관(지자체 등) 수사공조 실시

   * (수사대상 주요 불법행위) 불법전매, 청약통장 거래, 무자격·무등록 중개 등

  - 실거래 합동조사는 상설조사팀 구성 시(2020년 2월 21일)까지 연장

• 정비사업에 대한 합동점검을 상시화해서 수주경쟁과열에 따른 분양가 보장, 임대주택 매각 등 위법·시장 교란행위 엄중 조치

※ 고가주택에 대한 자금출처 전수분석과 특사경 인력배치 및 증원 추진 등을 통한 상설조사로 주택거래허가와 유사한 효과가 나올 수 있도록 엄격히 거래 점검

6·17(2020년 6월 17일 발표) 주택 시장 안정화 대책 추가 발표

　정부는 6·17대책으로 법인을 설립해 주택을 취득하는 것을 매우 강하게 규제했습니다. 6·17대책이 발표된 후 법인으로 주택을 취득하는 것에 대한 절세 메리트가 없어져서 혼란스러워했지만, 다음 달 발표한 7·10대책으로 개인도 주택 투자 시 발생하는 세금이 급격하게 증가했기 때문에 6·17대책의 법인규제 효과는 오래가지는 않게 되었습니다.

1) 부동산 매매업 관리체계의 구축
(1) 부동산 매매를 법정 업종으로 관리
　부동산의 임대나 매매를 주된 사업으로 영위하는 법인 등을 대상으로 설립요건, 의무사항 규정 등을 마련해 체계적으로 관리하도록 했습니다. 이는 부동산 법인의 설립 자체를 규제해 부동산 법인으로 주택을 취득하는 것을 원천적으로 금지하기 위한 취지라고 볼 수 있습니다.

(2) 법인의 주택거래에 대한 조사강화
　법인과 주택 거래 시 별도 법인용 신고 서식을 작성하고, 제출하도록 해서 법인의 주택 취득을 원천적으로 차단하려는 취지입니다.

(3) 자금조달계획서 미제출 거래 중 투기 가능성이 있는 법인 대상 실거래 특별조사

<特별조사 추진내용>

□ (조사대상) 자조서 없는 거래신고분 중 법인, 외지인, 20대 이하 등 거래 주체별로 주택구입자금 조달의 적정성을 판단할 필요가 있는 거래

특이 거래 주체	특별조사 대상거래 추출기준(안)	주요 조사사항
법인	① 부동산 매매업 법인설립 후 6월 내 주택 매수	• 법인세 탈루 여부 조사 • 목적 외 사용 등 대출 규정 위반 여부 조사
	② 과밀억제권역 외 법인설립 후 주택 매수	
	③ 주택을 매수한 둘 이상의 법인 대표자가 동일	
20대 이하	④ 6억 원 이상의 주택 매수	• 증여세 탈루 여부 조사
외지인	⑤ 6월 내 2회 이상 타 시도 소재 주택 매수	• 양도세 탈루 여부 조사

□ (대상지역) 신규 규제지역, 비규제지역 등 자조서가 제출되지 않는 거래가 많은 지역 중 과열 우려가 있는 곳을 선별해 실시

2) 주택 매매·임대사업자 주택담보대출 금지

모든 지역 주택의 주택담보대출을 금지했습니다. 부동산 법인이 설립되더라도 취득자금을 원천적으로 차단해 주택수요를 차단한 것이 그 취지라고 볼 수 있습니다. 2020년 7월 1일부터 시행(행정지도 시행일)으로 행정지도 시행 전에 주택매매계약(가계약 불포함)을 체결하고 계약금을 이미 납부한 사실을 증명한 차주, 대출 신청접수를 완료한 차주 등에 대해서는 종전 규정을 적용하도록 했습니다.

3) 자금조달계획서 제출 및 관련 첨부서류의 의무제출

투기과열지구 내 모든 개인 법인의 주택 거래에 대해 자금조달계획

서 작성 항목별 증빙자료를 의무 첨부하게 했습니다. 증빙자료 확인을 통해 불법 증여, 대출 규정 위반 등 의심 거래를 집중 관리대상으로 선정하고, 실거래 신고 즉시 조사 착수하기 위함입니다.

4) 부동산 법인의 주택취득에 대한 세금 규제

(1) 법인 보유 주택에 대한 종합부동산세 과세 강화

① 법인의 조정대상지역 내 신규 임대주택 종합부동산세 과세

법인이 보유한 8년 장기 임대등록 주택(수도권 6억 원, 비수도권 3억 원 이하)은 6·17대책 발표 이전에는 종합부동산세 비과세 대상이었으나, 법인이 2020년 6월 18일 이후 조정대상지역에 8년 장기 임대등록하는 주택도 종합부동세가 과세 되도록 했습니다.

② 법인 보유 주택에 대한 종합부동산세 공제 폐지

종합부동산세는 다음과 같이 계산되는데, 법인이 보유한 주택에 대해서는 종합부동산세 공제를 적용하는 것을 2021년 종합부동산세 부과분부터 공제하지 않는 것으로 변경했습니다.

주택공시지가의 합계

– 종합부동산세 공제[6억 원 공제(1세대 1주택은 5억 원 추가 공제)]

= 공정시장가액비율 반영 전 과세표준

× 공정시장가액비율

= 과세표준

× 종합부동산세율

= 주택분종합부동산세

부동산 법인을 만들어 주택을 취득하는 것을 차단하는 데 그 취지가 있으나 종합부동산세가 고액의 부동산 보유자에 대해 부과하는 것이 법의 기본 목적인데, 기본공제를 법인에 적용하지 않으므로 고액이 아닌, 아주 저가 주택에 대해서도 종합부동산세가 부과되어 그 취지에 적합하지 않아 심각한 조세저항을 불러온 대책이기도 합니다.

종합부동산세법 제1조(목적)
이 법은 고액의 부동산 보유자에 대하여 종합부동산세를 부과하여 부동산 보유에 대한 조세부담의 형평성을 제고하고, 부동산의 가격안정을 도모함으로써 지방재정의 균형발전과 국민경제의 건전한 발전에 이바지함을 목적으로 한다.

③ 법인 보유 주택에 대한 종합부동산세율 인상

6·17 대책 발표 결과 2021년 종합부동산세 부과분부터 법인 보유 주택 종합부동산세 계산 시 법인 보유 주택에 적용되는 종합부동산세 세율이 개인에 대한 세율 중 최고세율을 단일세율(3%, 4%)로 적용하는 것으로 변경되었습니다.

(2) 법인의 양도 시 추가세율 인상

2021년 1월 1일 이후 양도하는 분부터 법인의 주택 양도차익에 대해서는 각 사업연도소득에 대한 법인세(10~25%)에 토지 등 양도소득에 대한 법인세를 10% 추가 적용했으나 추가세율을 20%로 인상하고, 법인이 2020년 6월 18일 이후 8년 장기 임대등록하는 주택도 추가세율이 적용되었습니다.

7·10(2020년 7월 10일 발표) 주택 시장 안정화 대책 추가 발표

2020년 6월 17일에 부동산 법인에 대한 대대적인 세금 중과를 발표한 지 얼마 되지도 않아 2020년 7월 10일에 정부는 다시 한번 7·10대책을 발표했습니다. 7·10대책 내용 중 세금과 관련해 주의 깊게 살펴볼 주제는 다음 2가지입니다.

1) 등록 주택 임대사업자 제도 보완

(1) 단기임대(4년) 및 아파트 장기일반 매입임대(8년)폐지

폐지되는 단기 및 아파트 장기일반 매입임대 등록 기존주택은 임대의무기간 경과 즉시 자동으로 등록말소가 됩니다(기존 등록주택은 등록말소 시점까지는 세제혜택이 유지되며, 임대의무기간 종료 전에도 자진말소 희망 시 공적의무를 준수한 적법 사업자에 한해 자발적인 등록 말소가 허용되어 임대의무기간 준수위반 과태료가 면제되었습니다).

(2) 단기임대의 신규 등록 및 장기임대로의 유형 전환 불가(세제혜택 미제공)

(3) 장기일반민간임대주택은 임대의무기간이 8년에서 10년으로 연장

2) 개인으로 부동산 취득·보유·양도 시 세금 중과규정 추가 마련

(1) 취득세

① 다주택자와 법인의 주택 취득 시 취득세율이 인상되었습니다.

현재			개정		
개인	1주택	주택 가액에 따라 1~3%	개인	1주택	주택 가액에 따라 1~3%
	2주택			2주택	8%
	3주택			3주택	12%
	4주택 이상	4%		4주택 이상	
법인		주택 가액에 따라 1~3%	법인		

(지방소득세와 농어촌특별세 별도로 추가 발생됨, 농어촌특별세는 국민주택 규모 이하는 없음)
(지방소득세 : 0.4%, 농어촌특별세 : 8% 취득세율은 0.6%, 12% 취득세율은 1%)

② 개인에서 부동산 매매·임대업 법인으로 법인전환을 하는 경우 법인전환을 통한 세금 부담 회피를 방지하기 위해 취득세 감면혜택이 배제됩니다(기존 75% 감면).

(2) 보유세

① 다주택자 보유세 인상

다주택자들이 주택을 신탁할 경우 수탁자가 납세의무자가 되어 종합부동산세 부담이 완화되는 점을 활용하는 문제를 방지하기 위해 부동산 신탁 시 종합부동산세·재산세 등 보유세 납세자를 수탁자(신탁사)에서 원소유자(위탁자)로 변경하기 위해서 종합부동산세법과 지방세법을 개정했습니다.

② 다주택자 보유세 인상

3주택 이상자 및 조정대상지역 2주택자들은 1.2%~6%의 고율의 종합부동산세 세율을 적용하는 것으로 변경했습니다(그 외 종합부동산세율 0.6%~3%).

종합부동산세 세율 인상(안)

시가 (다주택자 기준)	과표	2주택 이하 (조정대상지역 2주택 제외, %)		3주택 이상 + 조정대상지역 2주택(%)		
		현행	12.16	현행	12.16	개정
8~12.2억 원	3억 원 이하	0.5	0.6	0.6	0.8	1.2
12.2~15.4억 원	3~6억 원	0.7	0.8	0.9	1.2	1.6
15.4~23.3억 원	6~12억 원	1.0	1.2	1.3	1.6	2.2
23.3~69억 원	12~50억 원	1.4	1.6	1.8	2.0	3.6
69~123.5억 원	50~94억 원	2.0	2.2	2.5	3.0	5.0
123.5억 원 초과	94억 원 초과	2.7	3.0	3.2	4.0	6.0

③ 법인의 종합부동산세율 인상

2020년 6월 17일에 '주택 시장 안정을 위한 관리방안'을 통해 주택 보유 법인의 경우 개인 최고세율을 단일세율로 적용한다고 발표했습니다. 2020년 7월 10일에 개인 종합부동산세율을 높였기 때문에 법인 종합부동산세율도 높아지게 되었습니다.

법인의 종합부동산세는 기본공제 6억 원이 적용되지 않고, 세율 또한 누진세율이 아닌 개인 최고세율을 적용하며, 세부담 상한 또한 적용되지 않기 때문에 개인이 주택을 소유하는 경우와 비교할 때와 차이가 많이 발생합니다. 따라서 개인으로 취득했을 경우와 법인으로 취득했을 경우의 종합부동산세를 정확하게 계산해 비교 후 주택을 어떻게 취득할 것인지를 잘 결정해야 합니다.

(3) 개인의 양도소득세 인상

① 개인이 주택과 주택을 취득할 수 있는 권리를 2년 이상 보유하지
않고 판매하는 경우 양도소득세율을 인상했습니다.

양도소득세 세율 인상(안)

구분		현행			12·16 대책	개선	
		주택 외 부동산	주택·입주권	분양권	주택·입주권	주택·입주권	분양권
보유 기간	1년 미만	50%	40%	(조정대상 지역) 50% (기타지역) 기본세율	50%	70%	70%
	2년 미만	40%	기본세율		40%	60%	60%
	2년 이상	기본세율	기본세율	기본세율	기본세율	기본세율	

② 다주택자 중과세율 인상

다주택자의 조정대상지역 주택 판매 시 양도소득세율은 기본세
율에 10%가 추가됩니다(3주택 이상 : 20%). 2020년 7월 10일 대책
발표를 통해 20%(30%)를 적용하도록 변경했습니다.

 7 부동산 법인 활용법

부동산 법인을 활용해서 절세를 하려면 모든 물건을 다 법인에서 구
입하고, 판매한다는 생각은 버려야 합니다. 특정 물건은 개인이름으로
구입해서 양도소득으로 신고해야 절세가 되는 경우가 있습니다. 하지
만 개인이름으로 매입하는 것이 세금이 더 많이 나오는 경우에는, 부동
산 법인으로 구입하는 것이 적정합니다.

개인이름으로 매입하는 것이 세금이 더 많이 나오는 경우는 보유목적이나 물건에 따라 달라지는데, 토지의 경우 1년 미만 보유상태에서 매매하면 적용세율이 55%가 적용되므로, 법인에서 구입하는 것이 유리합니다.

많은 투자자들이 부동산 법인에 대해서 오해하는 것 중 하나가 부동산 법인을 절세의 만병통치약처럼 생각한다는 것입니다. 남자에게 쪽지를 받은 여성은 남자가 마음에 들지 않을 때에는 "나도 남자 볼 줄 알거든요"라고 합니다. 부동산 법인도 마찬가지입니다. 부동산 법인도 물건 볼 줄 알아야 합니다. 즉 아무것이나 부동산 법인을 통해 구입한다면, 그렇지 않은 경우보다 세금이 더 발생할 수 있습니다.

부동산 법인이 주택의 구입·보유·판매로 발생할 수 있는 세금 종류

① 취득세 + ② 보유세(재산세, 종합부동산세) + ③ 법인소득세 +
④ 토지 등 양도소득에 대한 법인세 + ⑤ 개인소득세

주택을 부동산 법인에서 매입하는 것이 적정한가?

법인에서 주택을 매입해서 판매할 때 발생할 수 있는 세금은 다음과 같습니다.

1 취득세

2 종합부동산세(재산세는 종합부동산세에서 차감됨)

3 법인소득세(우리가 알고 있는 소득에 대한 세금) 세율은 매년 과세표준 2억 원

각 사업연도 법인소득세
(소득에 대한 법인세)

수익
− 비용
─────────
= 소득×세율

④ 앞에서 살펴봤듯 법인이 주택의 매매로 소득이 발생되면, 추가과세 성격의 '토지 등 양도소득에 대한 법인세'가 발생합니다. 이때 적용되는 세율은 20%입니다.

토지 등 양도소득에 대한 법인세

판매가액
− 장부가액 등
─────────
= 토지 등 양도소득×세율

⑤ 세금 내고 법인에 남은 돈, 개인화하는 데 발생하는 소득세

• 주택도 토지 등 양도소득에 대한 법인세가 발생하지만, 취득 후 2년 이내 판매로 단기매매세율이 적용되는 경우와 시세차익이 큰 주택을 매도하거나 한 해에 여러 개의 주택을 매도해 높은 세율이 적용되는 경우에는 법인을 통해 취득하는 것이 절세의 해법이 될 수 있습니다.

• 토지는 단기매매목적으로 구입하는 것이면 법인이 유리할 수 있습니다. 하지만 장기보유 목적으로 구입하는 경우가 많기 때문에, 일반적으로 법인으로 구입하는 것이 적정하지 않습니다.

• 주택의 경우 장기보유 목적이거나 여러 개의 주택이 아닌 상황에서는 법인으로 취득하는 것을 고민해야 하며, 토지의 경우에도 단기매매로 단기매매세율(55%)을 적용받는 경우라면, 법인에서 매입해야 유리합니다.

바람직하지 않은 종합소득의 예

근로소득
+ 주택임대소득
+ 법인자금개인화소득
―――――――――――
= 종합소득 × 누진세율

* 법인자금 개인화는 다른 소득이 없을 때 하는 것이 바람직합니다.

부동산 임대업 법인과 부동산 매매업 법인은 다른 것인가요?

부동산 법인의 세금을 공부하다 보면 다음과 같이 부동산 임대업 법인에 대한 규제를 볼 수 있습니다.

① 접대비 인정액 : 일반기업의 50%
② 업무용 승용차 차량가격 경비인정액 : 일반기업의 50%
③ 업무용 승용차 운행일지 미작성 시 경비인정액 : 임대업 등 법인 500만 원 vs 일반 법인 1,500만 원
④ 성실신고 확인대상 기업

그러면 여기서 '부동산 임대업이 아니라 부동산 매매업을 사업자등록증에 신청하면 되지 않느냐?'라는 의문이 생깁니다. 세법에서 말하는 부동산 임대업은 사업자등록증에 어떤 업종(업태와 종목)이 기재되어 있느냐에 따라 결정되는 것이 아니라, 실제로 우리가 어떤 사업을 하느냐에 따라 결정됩니다.

일부 투자자들은 사업자등록증에 부동산 임대업이 아닌, 부동산 매매업을 신청하고, 실제 성실신고 확인을 받지도 않으면서 다른 경비도 추가로 인정받고 있는데, 나중에 조사대상에 선정 시 세금에 벌금 성격의 가산세 폭탄까지 부담할 수 있습니다.

부동산 매매업의 업종구분

❶ 부동산 매매업의 범위

- 부동산의 매매(건물을 신축해서 판매하는 경우 포함) 또는 그 중개를 사업목적으로 나타내어 부동산(부동산을 취득할 수 있는 권리 포함)을 매매하거나, 사업상의 목적으로 부가가치세법상 1과세기간 내에 1회 이상 부동산을 취득하고, 2회 이상 판매하는 경우는 부동산 매매업으로 분류됩니다.

- 본인의 토지 위에 상가 등을 신축해서 판매할 목적으로 건축 중인 '건축법'에 따른 건물과 토지를 제3자에게 양도한 경우는 부동산 매매업으로 분류됩니다.

- 토지를 개발해서 주택지·공업단지·상가·묘지 등으로 분할 판매하는 경우는 부동산 매매업으로 분류됩니다('공유수면매립법'

제26조에 따라 소유권을 취득한 자가 그 취득한 매립지를 분할해서 양도하는 경우를 포함).

부동산 매매 법인의 소득 신고

Q. 부동산 매매 법인이 매매가 되지 않아 일시적으로 임대하는 경우, 부동산 매매업으로 신고해야 하나요? 부동산 임대업 소득으로 신고해야 하나요?

부동산 매매업 또는 건설업자가 판매를 목적으로 취득한 토지 등의 부동산을 일시적으로 대여하고 얻는 소득은 부동산 임대업에서 발생하는 소득입니다. 이때 부동산 임대업 소득금액 계산 시 건물의 감가상각비가 비용처리 되었다면, 판매 시 취득가액에서 차감해야 합니다(두 번 공제되는 것을 방지하기 위함입니다).

부동산 매매업의 판정사례

부동산 매매업을 영위하는 사업자가 판매목적으로 취득한 건물을 판매할 때까지 일시적 임대하다가 판매한 경우, 부동산 매매업을 영위함이 사업자등록에 의해서 공적으로 확인되거나, 법인등기부등본에 의해서 공시되는 경우뿐 아니라, 분양공고문 기타 사실에 의해서 부동산 매매업을 독립된 사업으로 영위함이 확인되는 경우에는 부동산 매매업을 영위하는 것으로 보는 것이므로, 계약상 또는 법률상의 공급자가 세금 계산서를 발급하는 것이다(부가 22601-1656, 1990. 12. 18).

　예를 들어, 부동산 매매업을 영위하는 사업자가 주상복합 아파트를 신축해서 분양할 때 미분양으로 인해서 일시적으로 상가를 임대하면서 별도로 부동산 임대업 사업자등록을 하고, 부가가치세를 신고·납부하던 중 해당 상가가 분양된 경우에는 당초 부동산 매매업을 영위하는 사업장의 명의로 세금 계산서를 발급하고 해당 사업장관할세무서장에게 부가가치세를 신고·납부하는 것이다(서면3팀-2054, 2004.10. 8).

　즉, 해당 상가가 분양된 경우에는 당초 부동산 매매업을 영위하는 사업장의 명의로 세금 계산서를 발급하고, 해당 사업장관할세무서장에게 부가가치세를 신고·납부하는 것이다(서면3팀-2054, 2004. 10. 8, 서면3팀-274, 2008. 2. 4).

　결국 부동산 매매 또는 그 중개를 사업목적으로 나타낸 것의 의미는 그 목적이 갖는 예측성 또는 변화 가능성 때문에 획일적인 기준을 정할 수 없으므로, 그 목적이 사업자등록에 의해서 공적으로 확인되거나, 법인등기부등본에 의해서 공시되는 경우뿐만 아니라, 그 목적이 대외적으로 공시되지 아니했다고 하더라도, 분양공고문이나 광고지, 부동산 중개업소 확인, 기타 사실에 의해서 그 목적이 확인되는 경우에는, 그 확인된 목적에 따라 부동산 매매업의 조건 성취 여부를 검토해야 한다(소비 22601-900, 1985. 8. 30).

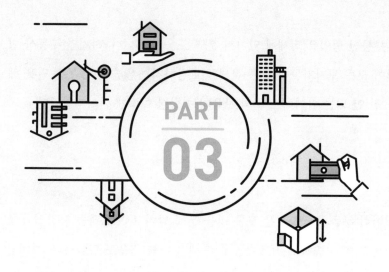

부동산 법인은
누구에게
필요한가요?

내가 부동산 법인을 만들어 절세를 할 수 있을까요?

부동산 법인은 절세에 있어서 분명 도움이 됩니다. 하지만 부동산 법인이 모든 투자자들에게 큰 절세를 보장하지는 않습니다. 무슨 일을 해도 잘 안 되는 마이너스 손의 보유자는 항상 이렇게 이야기합니다.

"나는 뒤로 넘어져도 코가 깨지는 사람이야."

이런 분들의 공통점은 모든 것을 운에 맡기고, 행동하는 사람입니다. 물론 많이 고민하고 검토했는데, 손해가 나는 경우도 있습니다. 하지만 그러한 상황이 반복된다면, 사전에 충분한 검토를 하지 않고, 전문가와의 상담도 없이 공부가 되지 않은 상태에서 일을 진행했다고 생각해야 되지 않을까요?

부동산 법인도 마찬가지입니다. 다른 사람들에게는 다 절세가 되어도, 나에게는 절세가 안 될 수 있음을 잘 알아야 합니다. 그렇다면 어떤 경우가 절세가 되는 경우이고, 어떤 경우가 절세가 되지 않는 경우인지 판단하는 기준은 없는 것일까요?

이 질문에 대한 답은 이 책에서 설명하는 5W1H의 기준에 의한 판단이 선행이 되어야 합니다. 즉, 부동산 법인이 내가 절세를 함에 있어서 도움이 될 것인가는 다음에서 제시하는 육하원칙에 의해 하나하나 따져보고, 결정하는 것이 필요합니다.

❶ 누가(WHO)	(누가 법인이 필요한가?)
❷ 언제(WHEN)	(언제 법인이 필요한가?)
❸ 어디서(WHERE)	(어디서 법인을 만드는가? 어디에서 관리를 하는가?)
❹ 무엇을(WHAT)	(무엇을 해야 절세가 되는가?)
❺ 어떻게(HOW)	(어떻게 만들어야 하는가?)
❻ 왜(WHY)	(왜 법인을 만들어야 하는가?)

부동산 법인은 누가 필요한가요?

부동산 법인이 필요한 이유

부동산 법인이 필요한 이유는 다양합니다. 부동산 법인을 잘 운영해서 기업 신용도를 높일 수 있다면 큰 대출이 가능하게 되어 수십 층이 되는 빌딩을 건축할 수도 있고, 작게는 아파트나 작은 상가 구입에 도움이 될 수도 있습니다. 부동산 투자는 사전분석(=손품과 발품, 대출 검토)과 취득·보유·양도의 과정을 통한 소득창출이 최우선 순위입니다. 그렇게 하기 위해서는 법인을 통한 분산 투자 검토와 대출목적 신용도 확보에 우선적으로 법인의 검토가 필요합니다. 절세목적으로 부동산 법인을 활용할 것이므로 세금에 관련된 것만 먼저 이야기하도록 하겠습니다.

부동산 법인을 통해 절세를 하려면 앞에서 이야기한 부동산 법인에서 발생할 수 있는 세금이 어떠한 것들이 있으며, 어떻게 계산되는지를 이해해야 합니다.

부동산 관련 세금의 종류

①부동산을 취득할 때 발생하는 세금

- 취득세·농어촌특별세·지방교육세
- 부가가치세

②부동산을 보유할 때 발생하는 세금과 공과금

- 소득세 및 지방소득세와 부가가치세(주택임대소득·상가 등 임대소득)
- 재산세 및 종합부동산세
- 건강보험료와 국민연금(공과금)

③부동산을 판매할 때 발생하는 세금

- 양도소득세
- 사업소득세
- 법인소득세
- 부가가치세

④부동산을 판매하지 않고, 상속이나 증여할 때 발생하는 세금

- 상속세 및 증여세
- 상속이나 증여받은 자의 취득세

누가 부동산 법인이 필요한가?

① 부모님께 물려받을 재산이 많은 사람
② 이미 벌어놓은 재산은 많은데, 세금 때문에 걱정인 사람
③ 돈을 많이 벌 수 있는 방법은 아는데, 세금이 걱정인 사람

재산을
많이 받을 사람

많이 번 돈을 지키고 싶은 사람

돈을 많이 벌고 싶은 사람

③ 부모님께 물려받을 재산이 많은 사람은 부동산 법인이 필요한가요?

부모님께 물려받을 재산이 많다는 것은 상속세가 많이 발생한다는 것입니다. 상속세는 발생하지 않는 경우가 대부분이지만, 발생하는 경우 수억 원 또는 수십 억 원이 발생하는 경우가 대부분입니다. 상속세의 심각성에 대한 인식과 이를 잘 대비하는 것 역시 절세의 큰 부분입니다.

상속세의 계산 원리

상속세는 사망시점의 재산(자산-부채)을 기준으로 계산이 됩니다. 여기에 상속세 계산에 포함되는 추가적인 재산이 있는데, 다음과 같습니다(사망자 재산조회는 정부24 사이트에서 안심상속 명칭으로 제공되며, 구청이나 주민센터에서도 신청 가능합니다(사망일이 속한 달의 말일부터 6개월 이내)).

사망시점의 재산
− 사망시점의 부채
+ 추정상속재산
+ 간주상속재산
+ 증여한 재산
− 공과금 장례비용
− 감정평가 수수료
− 상속공제
―――――――――
= 과세표준×세율
= 상속세

상속재산에 가산되는 재산이 있을 경우

사망 시 상속받는 재산에 가산되는 재산이 있기 때문에 상속세는 생각한 것보다 훨씬 더 많이 발생합니다. 상속세는 사망한 자(=피상속인)가 보유한 사망 당시의 재산만 과세하는 것이 아니라, 다음에서 설명하는 재산도 포함해서 세금이 계산됩니다. 상속 당시 존재하지도 않는 재산에 높은 세율을 적용해서 과세하기 때문에 상속세는 더 크게, 더 부담스럽게 느껴집니다.

❶ 추정상속재산

- 사망 전, 재산을 처분한 돈이 사라진 경우로 사용처가 명백하지 않은 금액
- 사망 전 인출한 금액으로 사용처가 명백하지 않은 금액
- 사망 전 빌린 돈으로 사용처가 명백하지 않은 금액

❷ 간주상속재산

- 사망으로 인해 받는 보험금
- 사망한 자의 퇴직금
- 사망한 자의 신탁재산

❸ 증여재산

- 사망 전, 10년 이내에 상속인에게 증여한 재산이 있는 경우 증여 당시 금액
- 사망 전, 5년 이내에 상속인 외의 자에게 증여한 재산이 있는 경우 증여 당시금액

상속세율

재산가들이 상속세를 두려워하는 이유는 바로 높은 상속세율 때문입니다. 상속받은 재산의 50%를 상속세로 납부해야 하기 때문입니다.

상속세 과세표준	상속세율
1억 원 이하	10%
1억 원 초과~5억 원 미만	20%
5억 원 초과~10억 원 미만	30%
10억 원 초과~30억 원 미만	40%
30억 원 초과	50%

부동산 법인이 필요한 이유

① 노동소득과 자본소득

소득의 종류는 노동소득과 자본소득이 있습니다. 노동소득이 있는 사람은 종합소득세(=근로소득세, 사업소득세)나 법인소득세가 발생되며, 자본소득이 있는 사람은 주로 양도소득세나 상속세 및 증여세(부동산의 가치 상승으로 재산가치 증가)와 소득세가 함께 발생됩니다.

노동소득은 세금을 납부한 후 남은 일부는 소비가 되고(=소비시점 부가가치세 발생), 나머지는 자본이 되어 쌓이기 시작합니다. 자본에서 발생하는 소득이 자본소득이 되는데, 자본소득(부동산의 가치 상승)은 노동소득과 달리 점점 가치가 커지며, 가치가 커질수록 자본소득세가 더 많이 발생할 수 있다는 것입니다. 또한 보유하면서 발생하는 소득(임대료) 역시 타 소득이 많으면, 누진세율 적용으로 세금(소득세)이 많이 발생될 수 있습니다.

❷ 부동산 법인의 필요성

• 부동산 법인을 통한 소득세의 절세

부동산 법인은 개인과는 또 다른 인격을 가지고 있습니다. 즉 세금 계산에서 또 하나의 세금계산 단위가 되는 것이고, 높은 누진세율을 적용받는 자가 부동산 법인으로, 높은 누진세율을 적용받는 소득을 법인에 이전시키면, 낮은 누진세율을 적용받을 수 있습니다.

• 부동산 법인을 통한 상속세의 절세

부동산은 부동산 법인을 만들기 전에는 개인 재산입니다. 부동산 소유자가 사망 시 상속인들에게 재산이 상속(=이전)되는데, 이때 발생하는 세금이 상속세입니다. 사망시점에 재산의 크기에 따라서 상속세의 차이가 발생하는데, 부동산의 가치가 더 상승하기 전에 부동산 법인을 만들어 주주 구성을 잘 만들어놓는다면, 가치 상승분에 대한 상속세 절세를 할 수 있습니다.

• 부동산 법인을 통한 취득세의 절세

부동산을 개인이나 개인사업자의 위치에서 상속을 받으면, 상속을 받은 자는 취득세를 한 번 더 부담해야 합니다. 하지만 부동산을 보유한 법인을 상속받으면, 부동산을 상속받는 것이 아니라, 부동산 법인의 주식을 상속받은 것입니다. 주식을 상속받을 경우 취득세가 발생되지 않습니다.

4 부동산 가치 상승이 크게 예상되는데, 부동산 법인을 검토해야 하나요?

부동산 투자자분들이나 제조업 또는 기타 사업을 하시는 대표님들과 상담을 할 때마다 빠지지 않고, 나오는 질문이 소득세가 너무 많이 나온다는 것입니다. 그때마다 농담처럼 던지는 답이 있습니다.

"좀 덜 벌지 그러셨어요?"

부동산을 투자했는데, 가치 상승이 전혀 없어서 세금이 없는 것이 좋을까요? 아니면 부동산을 투자해서 가치가 10억 원이 상승해 5억 원을 세금 내는 것이 좋을까요?

부동산 취득 또는 부동산 가격 상승 이전부터 부동산 법인을 만들어 부동산 법인 이름으로 부동산을 사고팔아야 절세가 가능하나 대부분의 사업자들은 소득이 발생하고 가치 상승 이후에야 비로소 세금 걱정을 합니다.

제조업이나 기타 사업을 운영하시는 분들은 몇 년 전부터 벌써 개인사업자를 법인사업자로 전환하고 있습니다. 이분들 역시 소득세 폭탄을 경험하고, 더 이상 개인사업자로는 사업을 할 수 없기 때문에 법인으로 전환하는 경우가 대부분입니다.

삼성생명 법인사업부 세무팀장으로 활동을 하면서, 많은 개인사업자 대표들을 만나 절세 상담을 했고, 그중 가장 많이 했던 상담이 법인을 통한 소득세 절세방법에 대한 것입니다.

가장 안타까운 부분은 개인사업자 대표들이 소득 발생 전에 법인전환 상담 후 법인을 만들어 소득을 발생시켰더라면, 국가에 냈던 세금이 본인 손에 있을 수 있었을 것이며, 이 돈을 통해 또 다른 소득을 창출할 수 있었을 것입니다.

물론 소득이 발생하기 전 상담 신청을 통해 법인전환이나 법인신설을 통해 절세를 크게 하신 분들도 있지만, 대부분의 사업자들은 세금폭탄 후 움직이는 경향이 많습니다. 부동산 투자자들 역시 부동산 법인에 대해 관심이 많습니다. 왜냐하면 이미 부동산 투자를 통해 부동산 가치가 상승되었기 때문입니다.

이미 부동산 투자를 통해 가치 상승을 크게 확보한 투자자들도 있을 것이며, 부동산 가치 분석을 통해 가치 상승이 클 것이라고 예상되는 부동산을 구입 직전인 분들도 있을 것입니다. 분명한 것은 소득이 많이 발생될 것을 예상하는 분들이라면, 부동산 법인을 통해서 절세를 할 수 있다는 것을 잘 알아야 합니다. 더 이상은 앞의 개인사업자분들처럼 몰라서 절세를 놓쳐서는 안 됩니다.

고생해서 만든 재산, 부동산 법인 만들면 세금폭탄에서 지킬 수 있나요?

부동산 재산이 많은 분들을 만나서 상담을 하면, 대부분 인생 이야기부터 시작됩니다. 그분들이 태어났을 때 집안환경이나 고생한 것, 그리고 그 소득이 모이고 모여서 지금 가지고 있는 부동산이 되었다는 이야기까지 다양합니다. 하지만 이분들의 공통된 걱정이 2가지가 있습니다.

자산가들의 첫 번째 걱정

재산이라는 것은 소득이 모이고 모여서 만들어진 결과물입니다. 즉 번 돈이 없는데 재산이 생길 수 없습니다. 국세청은 소득발생과정이나 재산축적과정에서 발생한 탈세를 포착하기 위한 수많은 시스템을 가지고 있는데, 거의 완벽한 시스템을 보유하고 있습니다.

이러한 우리나라의 우수한 시스템은 다른 많은 나라에서 배워갈 정도로, 탈세포착 시스템은 대단한 기능을 가지고 있습니다. 그렇기 때문에 국세청을 포함한 대부분의 조세전문가는 성실납세가 최고의 절세라는 것을 강조하고 있습니다.

양도소득세나 부동산 매매 개인사업자로 부동산 소득을 신고한다면, 높은 세율 때문에 세금이 많이 발생합니다. 그렇기 때문에 탈세라는 무리수를 시도할 가능성이 커지고, 그 결과 세무조사를 받는다면, 그 재산의 대부분이 세금으로 나갈 수 있습니다.

결국 합법적이고, 정상적으로 소득을 계산해서 신고를 하더라도, 낮은 법인세율을 적용한다면 탈세를 할 이유가 없습니다. 그래서 부동산 소득이 많을수록 부동산 법인이 세금폭탄을 막아줄 우산이 될 수 있습니다.

자산가들의 두 번째 걱정

상속세 및 증여세는 자녀들에게 재산을 물려줄 때 발생하는 세금입니다. 재산가들은 본인들이 남은 평생 쓸 돈은 충분히 확보하고 있습니다. 다만 자녀들에게 그 재산을 물려줄 때 발생하는 세금폭탄에 대해 걱정을 하는 것입니다.

상속세율은 최고 50% 세율이 적용되어서 평생 모은 재산을 자녀들에게 물려줄 때 반토막이 날 수 있기 때문입니다. 이러한 걱정 역시 최대한 빠른 시간 내에 부동산 법인을 만들어 미래에 발생할 소득을 분산시켜 놓는다면, 그 걱정이 많이 줄어들 수 있을 것으로 판단됩니다.

부동산 취득 전입니다. 부동산 법인 지금 필요할까요?

다주택자가 아닌 자가 주택 취득 전 부동산 법인이 지금 필요한지 여부를 판단하려면 취득세부터 검토해야 합니다.

부동산 투자를 시작하기 전에 반드시 부동산 규제에 대한 이해가 선행되어야 합니다. 정부의 주택 투자에 대한 규제는 셀 수 없을 만큼의 많은 규정을 만들어 마치 거미줄처럼 얽혀버렸고, 규제를 발표한 기관에서도 그 규제의 영향을 받는 다른 법률이나 규정에 대해서는 해석을 할 수 없게 되어버렸습니다. 얽혀 있는 규제를 풀어내지 못한다면, 그 부담은 국민들에게 돌아갈 것이며, 국민들이 결국 그 피해를 보게 되어 있습니다.

국세청에서 세법이 너무 어렵게 바뀌어서 국민들이 쉽게 알 수 있도록 가이드라인을 발표했으나 기획재정부에서 그 해석 중 일부분을 틀린 해석으로 규정지었던 상황도 그만큼 규제가 많아 국민들에게는 해석이 어렵다는 것을 뒷받침하고 있습니다. 따라서 얽혀 있는 거미줄과 같은 규제를 하나씩 하나씩 풀어서 정확하게 해석하지 않으면, 부동산 투자는 그만큼 손해를 발생시킬 가능성이 크다는 결론이 도출됩니다.

다주택자가 아닌 자가 주택을 취득하려고 할 때는 주택 투자로 인한 규제 중 세법규제에 대한 정확한 해석을 한 이후 부동산 투자 결정을 해야 합니다. 취득·보유·양도 시점에 발생하는 개인의 세금과 법인의 세금을 정확하게 계산할 수 있어야 부동산 법인을 만들어 투자할 것인지, 아니면 개인으로 투자를 할 것인지의 판단을 정확하게 할 수 있습니다.

부동산 투자와 세금

부동산 투자로 발생하는 세금의 종류

① 부동산 취득 시 발생하는 세금 : 취득세 등

② 부동산 보유 시 발생하는 세금 등 : 재산세 및 종합부동산세 + 주택임대소득세 + 건강보험료

③ 부동산 매도 시 발생하는 세금
   - 사업자가 없는 개인 : 양도소득세
   - 사업자가 있는 개인 : 사업소득세(종합소득세)
   - 부동산 법인 : 법인세
   - 부가가치세

④ 부동산 증여 시 발생하는 세금 : 증여세 및 취득세 등

⑤ 부동산 상속 시 발생하는 세금 : 상속세 및 취득세 등

① 부동산 취득 시 발생하는 세금의 종류(국세 + 지방세)

1) 국세와 지방세의 개념

국세는 국가(중앙정부)가 재정수요를 충당하기 위해 과세하는 세금이고, 지방세는 지방자치단체의 재정수요 충당을 위해 과세하는 세금입니다.

2) 부동산 관련 지방세의 종류

지방세법에서 나타내는 지방세는 여러 가지가 있습니다. 그중 부동산과 관련해서 발생하는 지방세는 다음과 같습니다.

3) 취득시점에 발생하는 세금

취득세 + 농어촌특별세 + 지방교육세 + 인지세 등

농어촌특별세와 지방교육세는 취득세에 같이 부가되는 세금입니다.

(=부가세) (≠부가가치세)

농어촌특별세는 지방세가 아닌 국세로, 85㎡ 이하의 주택 취득 시에는 발생하지 않습니다.

용어의 정리

취득세

취득세는 부동산, 차량, 기계장비, 항공기, 선박, 입목, 광업권, 어업권, 양식업권, 골프회원권, 승마회원권, 콘도미니엄 회원권, 종합체육시설 이용회원권 또는 요트 회원권(이하 이 장에서 '부동산 등'이라 한다)을 취득한 자에게 부과한다.

지방교육세

지방교육세는 지방교육의 질적 향상에 필요한 지방교육재정의 확충에 드는 재원을 확보하기 위해 부과한다.

농어촌특별세

농어촌특별세란 농어업의 경쟁력 강화와 농어촌산업 기반 시설의 확충 및 농어촌지역 개발사업을 위해 필요한 재원을 확보함을 목적으로 한다. 본세에 부과되는 세액과 감면세액에 부과되는 세금으로 나뉜다.

---

4) 취득세의 계산방법

취득세는 취득세 과세대상 물건의 과세표준에 취득세율을 곱해 계산합니다.

$$\begin{array}{r} \text{과세표준} \\ \times \quad \text{세율} \\ \hline = \text{취득세} \end{array}$$

이때 주택에 적용되는 취득세율은 1세대 기준 주택 수에 따라 달라지기 때문에 1세대의 개념과 주택 수의 계산이 중요합니다.

먼저 지방세법에서 규정하는 1세대의 개념에 대해 알아보겠습니다.

5) 세율을 결정하는 1세대의 개념

(1) 개인의 취득세율은 1세대 기준으로 계산된 주택 수에 따라 크게 달라집니다.

주택 취득세 중과세 규정을 적용할 때 1세대 기준 주택 수에 따라 적용되는 세율이 달라집니다.

① 주택취득세 중과규정을 적용할 때 1세대란 주택을 취득하는 사람과 세대별 주민등록표 또는 '출입국관리법'에 따른 등록외국인기록표 및 외국인등록표에 함께 기재되어 있는 가족(동거인은 제외한다)으로 구성된 세대를 말하며, 주택을 취득하는 사람의 배우자(사실혼은 제외하며, 법률상 이혼을 했으나 생계를 같이하는 등 사실상 이혼한 것으로 보기 어려운 관계에 있는 사람을 포함한다), 취득일 현재 미혼인 30세 미만의 자녀 또는 부모(주택을 취득하는 사람이 미혼이고 30세 미만인 경우로 한정한다)는 주택을 취득하는 사람과 같은 세대별 주민등록표 또는 등록외국인기록표 등에 기재되어 있지 않더라도 1세대에 속한 것으로 본다(2020. 8. 12 신설).

② 제1항에도 불구하고 다음 각 호의 어느 하나에 해당하는 경우에는 각각 별도의 세대로 본다(2020. 8. 12 신설).

 1. 부모와 같은 세대별 주민등록표에 기재되어 있지 않은 30세 미만의 자녀로서 '소득세법' 제4조에 따른 소득이 '국

민기초생활 보장법' 제2조 제11호에 따른 기준 중위소득의 100분의 40 이상이고, 소유하고 있는 주택을 관리·유지하면서 독립된 생계를 유지할 수 있는 경우. 다만, 미성년자인 경우는 제외한다(2020. 8. 12 신설).

2. 취득일 현재, 65세 이상의 부모(부모 중 어느 한 사람이 65세 미만인 경우를 포함한다)를 동거봉양(同居奉養)하기 위해 30세 이상의 자녀, 혼인한 자녀 또는 제1호에 따른 소득요건을 충족하는 성년인 자녀가 합가(合家)한 경우(2020. 8. 12 신설).

3. 취학 또는 근무상의 형편 등으로 세대 전원이 90일 이상 출국하는 경우로서 해당 세대가 출국 후에 속할 거주지를 다른 가족의 주소로 신고한 경우(2020. 8. 12 신설)

참고. 주택 취득세율표

구분				취득세	농어촌특별세	지방교육세	합계 세율
주택 (유상)	일반 2주택 이하	6억 원 이하	85㎡ 이하	1%	비과세	0.1%	1.1%
			85㎡ 초과	1%	0.2%	0.1%	1.3%
		6억 원 초과	85㎡ 이하	1.01% ~3%	비과세	0.101%~ 0.3%	1.111%~ 3.5%
			85㎡ 초과		0.2%		
		9억 원 초과	85㎡ 이하	3%	비과세	0.3%	3.3%
			85㎡ 초과	3%	0.2%	0.3%	3.5%
	조정 2주택 일반 3주택		85㎡ 이하	8%	비과세	0.4%	8.4%
			85㎡ 초과	8%	0.6%	0.4%	9.0%
	조정 3주택 일반 4주택		85㎡ 이하	12%	비과세	0.4%	12.4%
			85㎡ 초과	12%	1.0%	0.4%	13.4%

구분		취득세	농어촌특별세	지방교육세	합계세율
증여	일반	3.5%	0.2% (85㎡ 이하 비과세)	0.3%	4% (3.8%)
	(조정, 시가표준액 3억 원 이상)	12%	1.0% (85㎡ 이하 비과세)	0.4%	13.4% (12.4%)

참고. 주택 외의 부동산을 취득했을 때 발생하는 취득세

			취득세	농어촌특별세	지방교육세	합계세율
주택 외 매매(토지, 건물 등) – 기본세율			4%	0.2%	0.4%	4.6%
원시취득, 상속(농지 외)			2.8%	0.2%	0.16%	3.16%
증여			3.5%	0.2%	0.3%	4%
농지	매매	신규	3%	0.2%	0.2%	3.4%
		2년 이상 자경	1.5%	과세 안 됨	0.1%	1.6%
	상속		2.3%	0.2%	0.06%	2.56%

6) 주택을 증여받으면 취득세가 13.4%가 발생할 수 있습니다

조정대상지역에 있는 주택으로서 기준시가 3억 원 이상의 주택을 증여를 원인으로 취득하는 경우에는 4% 세율을 표준세율로 해서 해당 세율에 중과기준세인 2%의 100분의 400을 합한 세율을 적용한다. 다만, 1세대 1주택자가 소유한 주택을 배우자 또는 직계존비속이 무상취득하는 등 대통령령으로 정하는 경우는 제외한다 (2020. 8. 12 신설).

7) 법인이 부동산을 취득했을 때 발생하는 취득세

- 부동산 법인의 주택 취득세율은 개인이 취득하는 3번째 주택으로 조정지역 내에 있는 주택이나 4번째 주택으로 조정대상지역 외의 지역에 있는 주택취득세율과 동일합니다.

구분		취득세	농어촌특별세	지방교육세	합계 세율
조정 3주택 일반 4주택 법인	85㎡ 이하	12%	비과세	0.4%	12.4%
	85㎡ 초과	12%	1.0%	0.4%	13.4%

- 법인의 주택 외의 취득세율은 개인과 동일합니다.
- 법인의 경우는 취득 시 계정별 원장이라는 장부가 필요합니다.
  법인이 취득세 과세 대상 부동산 취득 시 취득 당시 가액을 증명할 수 있는 장부와 관련 증거서류를 작성해서 같이 제출해야 합니다. 법인이 위의 장부를 작성하지 않거나 누락(중개사 수수료)하면 가산세가 부과가 되므로 주의해야 합니다.

8) 개인과 부동산 법인의 취득세 비교
(1) 개인의 주택취득세율과 법인의 주택취득세율 비교

개인의 1세대 기준 주택 수에 따라 취득세가 달라지나 법인이 취득하는 모든 주택은 12.4%(85㎡ 초과는 13.4%) 단일세율을 적용합니다.

다주택자가 아닌 개인의 취득주택이 1주택이나 일시적 2주택일 경우, 법인의 취득세율에 비해 낮은 세율을 적용받기 때문에 개인으로 주택을 취득하는 것이 취득 시점부터 법인보다 큰 절세가 됩니다.

무주택자나 1주택자의 추가 주택 취득은 취득세에서부터 개인이 법인보다 부담이 많이 작아지므로 보유 중 발생하는 세금과 양도 시 발생하는 세금을 비교 검토 후 결정해야 합니다.

구분	개인의 취득세율	법인의 취득세율	개인 VS 법인 판단
취득세율 비교	1.1%(1.3%)~3.3%(3.5%)	12.4% 또는 13.4%	
판단기준	주택취득가격 기준 세율 적용	85㎡ 이하는 12.4% 85㎡ 초과는 13.4%	

(2) 법인으로 주택 취득 시에도 취득세 중과세율이 적용되지 않아 법인으로 취득이 유리한 경우

　– 시가표준액(지분이나 부속 토지만을 취득한 경우에는 전체 주택의 시가표준액을 말한다)이 1억 원 이하인 주택은 법인이 취득하더라도 중과세율이 적용되지 않습니다(개인 취득도 동일).

　다만, '도시 및 주거환경정비법'에 따른 정비구역(종전의 '주택건설촉진법'에 따라 설립인가를 받은 재건축조합의 사업부지를 포함한다)으로 지정·고시된 지역 또는 '빈집 및 소규모주택 정비에 관한 특례법'에 따른 사업시행구역에 소재하는 주택은 중과세율 적용 대상에 포함됩니다.

　　1세대의 주택 수를 산정할 때 다음 각 호의 어느 하나에 해당하는 소유 주택 수에서 제외한다(2020. 8. 12 신설).

　　– 시가표준액(지분이나 부속 토지만을 취득한 경우에는 전체 주택의 시가표준액을 말한다)이 1억 원 이하인 주택, 조합원입주권, 주택분양권 또는 오피스텔은 주택 수 산정일 현재 소유 주택 수에서 제외합니다.

① '일시적 2주택'이란 국내에 주택, 조합원입주권, 주택분양권 또는 오피스텔을 1개 소유한 1세대가 그 주택, 조합원입주권, 주택분양권 또는 오피스텔(이하 이 조 및 제36조의 3에서 '종전 주택 등'이라 한다)을 소유한 상태에서 이사·학업·취업·직장 이전 및 이와 유사한 사유로 다른 1주택(이하 이 조 및 제36조의 3에서 '신규 주택'이라 한다)을 추가로 취득한 후 3년(종전 주택 등과 신규 주택이 모두 '주택법' 제63조의 2 제1항 제1호에 따른 조정대상지역에 있는 경우에는 2년으로 한다. 이하 이 조에서 '일시적 2주택 기간'이라 한다) 이내에 종전 주택 등(신규 주택이 조합원입주권 또는 주택분양권에 의한 주택이거나 종전 주택 등이 조합원입주권 또는 주택분양권인 경우에는 신규 주택을 포함한다)을 처분하는 경우 해당 신규 주택을 말한다(2020. 8. 12 신설).

② 제1항을 적용할 때 조합원입주권 또는 주택분양권을 1개 소유한 1세대가 그 조합원입주권 또는 주택분양권을 소유한 상태에서 신규 주택을 취득한 경우에는 해당 조합원입주권 또는 주택분양권에 의한 주택을 취득한 날부터 일시적 2주택 기간을 기산한다(2020. 8. 12 신설).

③ 제1항을 적용할 때 종전 주택 등이 '도시 및 주거환경정비법' 제74조 제1항에 따른 관리처분계획의 인가 또는 '빈집 및 소규모주택 정비에 관한 특례법' 제29조 제1항에 따른 사업시행계획인가를 받은 주택인 경우로서 관리처분계획인가 또는 사업시행계획인가 당시 해당 사업구역에 거주하는 세대가 신규 주택을 취득하여 그 신규 주택으로 이주한 경우에는 그 이주한 날에 종전 주택 등을 처분한 것으로 본다(2020. 12. 31 신설).

일시적 2주택에 해당할 경우 취득세 중과세율이 적용되지 않습니다.

① 1세대의 주택 수는 주택 취득일 현재 취득하는 주택을 포함하여 1세대가 국내에 소유하는 주택, 법 제13조의 3 제2호에 따른 조합원입주권(이하 '조합원입주권'이라 한다), 같은 조 제3호에 따른 주택분양권(이하 '주택분양권'이라 한다) 및 같은 조 제4호에 따른 오피스텔(이하 '오피스텔'이라 한다)의 수를 말한다.

② 조합원입주권 또는 주택분양권에 의하여 취득하는 주택의 경우에는 조합원입주권 또는 주택분양권의 취득일(분양사업자로부터 주택분양권을 취득하는 경우에는 분양계약일)을 기준으로 해당 주택 취득 시의 세대별 주택 수를 산정한다(2020. 8. 12 신설).

③ 세대원이 공동으로 소유하는 주택·조합원입주권·주택분양권·오피스텔을 1개의 주택 등으로 본다.

④ 제1항을 적용할 때 상속으로 여러 사람이 공동으로 1개의 주택, 조합원입주권, 주택분양권 또는 오피스텔을 소유하는 경우 지분이 가장 큰 상속인을 그 주택, 조합원입주권, 주택분양권 또는 오피스텔의 소유자로 보고, 지분이 가장 큰 상속인이 2명 이상인 경우에는 그중 다음 각 호의 순서에 따라 그 주택, 조합원입주권, 주택분양권 또는 오피스텔의 소유자를 판정한다. 이 경우, 미등기 상속 주택 또는 오피스텔의 소유지분이 종전의 소유지분과 변경되어 등기되는 경우에는 등기상 소유지분을 상속개시일에 취득한 것으로 본다(2020. 8. 12 신설).

1. 그 주택 또는 오피스텔에 거주하는 사람(2020. 8. 12 신설)

2. 나이가 가장 많은 사람(2020. 8. 12 신설)

⑤ 1세대의 주택 수를 산정할 때 다음 각 호의 어느 하나에 해당하는 주택, 조합원입주권, 주택분양권 또는 오피스텔은 소유주택 수에서 제외한다(2020. 8. 12 신설).

1. 다음 각 목의 어느 하나에 해당하는 주택(2020. 8. 12 신설)

가. 제28조의 2 제1호에 해당하는 주택으로서 주택 수 산정일 현재 같은 호에 따른 해당 주택의 시가표준액 기준을 충족하는 주택(2020. 8. 12 신설)

지방세법 시행령 제28조의 2[주택 유상거래 취득 중과세의 예외(2020. 8. 12 신설)]

법 제13조의 2 제1항을 적용할 때 같은 항 각 호 외의 부분에 따른 주택(이하 이 조 및 제28조의 3부터 제28조의 6까지에서 '주택'이라 한다)으로서 다음 각 호의 어느 하나에 해당하는 주택은 중과세 대상으로 보지 않는다(2020. 8. 12 신설)

1. 법 제4조에 따른 시가표준액(지분이나 부속 토지만을 취득한 경우에는 전체 주택의 시가표준액을 말한다)이 1억 원 이하인 주택. 다만, '도시 및 주거환경정비법' 제2조 제1호에 따른 정비구역(종전의 '주택건설촉진법'에 따라 설립인가를 받은 재건축조합의 사업부지를 포함한다)으로 지정·고시된 지역 또는 '빈집 및 소규모주택 정비에 관한 특례법' 제2조 제1항 제4호에 따른 사업시행구역에 소재하는 주택은 제외한다(2020. 8. 12 신설).

   나. 제28조의 2 제3호·제5호·제6호 및 제12호에 해당하는 주택으로서 주택 수 산정일 현재 해당 용도에 직접 사용하고 있는 주택(2020. 8. 12 신설)
      제28조의 2 제3호 : 노인 복지주택으로 운영하기 위하여 취득하는 주택
            제5호 : 공공지원 민간임대주택으로 공급하기 위하여 취득하는 주택
            제6호 : 가정 어린이집으로 운영하기 위하여 취득하는 주택
            제12호 : 사원에 대한 임대용으로 직접 사용 목적으로 취득하는 주택

   다. 지정문화재 또는 등록문화재에 해당하는 주택(제28조의 2 제4호, 2020. 8. 12 신설)

   라. 제28조의 2 제8호 및 제9호에 해당하는 주택. 다만, 제28조의 2 제9호에 해당하는 주택의 경우에는 그 주택의 취득일부터 3년 이내의 기간으로 한정한다(2020. 8. 12 신설).
      제28조의 2 제8호 : 특정한 자가 공익사업이나 주택건설사업을 위하여 취득하는 주택
            제9호 : 주택시공자가 공사대금으로 취득한 미분양 주택

   마. 제28조의 2 제11호에 해당하는 농어촌주택으로서 주택 수 산정일 현재 제28조 제2항 제2호의 요건을 충족하는 주택(2020. 8. 12 신설)

지방세법 시행령 제28조 제2항 제2호

법 제13조 제5항 제1호 전단에서 '대통령령으로 정하는 범위와 기준에 해당하는 농어촌주택과 그 부속 토지'란 다음 각 호의 요건을 갖춘 농어촌주택과 그 부속 토지를 말한다(2010. 12. 30 개정).
1. 대지면적이 660제곱미터 이내이고 건축물의 연면적이 150제곱미터 이내일 것(2010. 9. 20 개정)
2. 건축물의 가액(제4조 제1항 제1호의 2를 준용하여 산출한 가액을 말한다. 이하 이 조에서 같다)이 6천 500만 원 이내일 것(2020. 12. 31 개정)

3. 다음 각 목의 어느 하나에 해당하는 지역에 있지 아니할 것(2010. 9. 20 개정)

　가. 광역시에 소속된 군지역 또는 '수도권정비계획법' 제2조 제1호에 따른 수도권지역. 다만, '접경지역지원법' 제2조 제1호에 따른 접경지역과 '수도권정비계획법'에 따른 자연보전권역 중 행정안전부령으로 정하는 지역은 제외한다(2017. 7. 26 직제개정).

　나. '국토의 계획 및 이용에 관한 법률' 제6조에 따른 도시지역 및 '부동산 거래신고 등에 관한 법률' 제10조에 따른 허가구역(2017. 12. 29 개정)

　다. '소득세법' 제104조의 2 제1항에 따라 기획재정부장관이 지정하는 지역(2010. 9. 20 개정)

　라. '조세특례제한법' 제99조의 4 제1항 제1호 가목 5)에 따라 정하는 지역(2017. 12. 29 개정)

2. '통계법' 제22조에 따라 통계청장이 고시하는 산업에 관한 표준분류에 따른 주거용 건물 건설업을 영위하는 자가 신축하여 보유하는 주택. 다만, 자기 또는 임대계약 등 권원을 불문하고 타인이 거주한 기간이 1년 이상인 주택은 제외한다(2020. 8. 12 신설).

3. 상속을 원인으로 취득한 주택, 조합원입주권, 주택분양권 또는 오피스텔로서 상속개시일부터 5년이 지나지 않은 주택, 조합원입주권, 주택분양권 또는 오피스텔(2020. 8. 12 신설)

4. 주택 수 산정일 현재 법 제4조에 따른 시가표준액(지분이나 부속 토지만을 취득한 경우에는 전체 건축물과 그 부속 토지의 시가표준액을 말한다)이 1억 원 이하인 오피스텔(2020. 8. 12 신설)

이미 다주택자입니다. 부동산 법인, 지금이라도 필요할까요?

부동산 법인을 통해 우리가 궁극적으로 하고자 하는 것은 절세입니다. 이미 다주택자라면 과거 취득한 부동산에 대한 절세는 기대하기 어려울 수 있습니다. 하지만 앞으로 취득하는 부동산에 대해서는 부동산 법인을 만들어 부동산 법인 명의로 취득한다면 절세가 가능합니다.

지금부터는 다주택자가 이후 취득하는 부동산을 개인이름으로 취득하는 것과 법인으로 취득하는 것을 세금을 비교해 알아보기로 하겠습니다. 추가로 취득하는 부동산이 다음과 같은 세금 때문에 많은 부담이 된다면, 부동산 법인의 필요성에 대해서 진지하게 고민해야 할 것입니다.

부동산 취득세

❶ 법인의 주택 취득이 개인의 주택 취득에 비교해 취득세가 유리한 것은 개인의 취득세율이 법인의 주택 취득세율과 같은 경우입니다

1) 취득하는 주택이 3주택으로 조정대상지역 주택이거나 비조정지역 4번째 주택인 경우

2) 공시지가 1억 원 이하인 주택(정비구역에 포함된 경우 제외)

3) 주택 외 부동산의 취득

개인으로 취득하는 경우와 법인으로 취득하는 경우의 취득세 차이가 없다면 보유세와 판매 관련 세금이 개인보다 법인이 유리한 경우가 많으므로 법인 검토가 필요합니다.

❷ 법인의 주택 취득 시 취득세 > 개인의 주택 취득 시 취득세

개인 취득세보다 법인 취득세가 많이 발생했지만, 보유·판매 시 개인과 법인의 세금을 계산해 전체 세금이 법인이 유리한 경우 법인으로 취득할 것인지의 검토가 필요합니다.

부동산 임대소득세

주택의 추가 취득으로 발생하는 임대료는 누진세율 적용으로 세금 차이가 많이 발생할 수 있습니다. 기존의 다주택자들은 대부분 다른 종합소득이 있는 분들입니다. 다른 소득이 있는 상태에서 주택임대소득이나 상가임대소득 등이 추가된다면, 누진세율 체계하에서 추가 취득한 부동산 임대소득은 높은 세율이 적용됩니다.

소득이 없는 사람이 벌어들이는 주택임대소득에 대한 세금과 다른 소득이 많이 있는 사람이 벌어들이는 주택임대소득에 대한 세금이 차이는 클 수 있습니다. 주택을 구입하더라도 보통 1명 이름으로 몇 채를 계속 구입하지 않고, 본인 명의로 구입했다가 배우자 명의로 추가 구입하고, 또 자녀 명의를 사용하는 것은 이러한 이유 때문이라고 보면 됩니다.

재산세와 종합부동산세

① 재산세

재산세는 부동산 투자를 할 때 발생하는 세금 중 무시해도 좋을 정도의 소액이거나 종합부동산세 대상자는 재산세를 차감하고, 종합부동산세를 납부하기 때문에 개인과 법인을 비교하는 것은 큰 의미가 없습니다.

❷ 종합부동산세

1) 주택 관련 종합부동산세

개인 종합부동산세는 법인의 종합부동산세와 세금 차이도 크게 발생하지만, 매년 발생하는 세금이기 때문에 주택 취득 이전 반드시 예상 보유기간을 결정해서 개인과 법인의 세금 비교표를 작성해 그 취득 여부를 판단해야 합니다.

개인에게 적용되는 주택 종합부동산세는 납세자별로 다음과 같이 계산됩니다.

(공시지가 – 6억 원 또는 11억 원) × (공정시장가액비율 = 2022년 현재 100%) × 종합부동산세율(2022년 8월 2일 종합부동산 세법 시행령 변경으로 공정시장가액 비율이 100% → 60%)

과세기준일, 즉 종합부동산세가 발생·계산되는 날은 6월 1일이며, 납부일은 12월 1일부터 15일까지입니다. 과세기준일 현재, 세대원 중 1인이 해당 주택을 단독으로 소유한 경우로서 '1세대 1주택자'의 경우에는 그 합산한 금액에서 5억 원을 공제한 금액에서 6억 원을 공제해 11억 원(2022년 한정 14억 원 공제)을 공제하고 계산합니다.

2) 법인의 주택 종합부동산세는 다음과 같이 계산됩니다

공시지가 × 종합부동산세율(3.6% 또는 7.2%)

(법인이 2주택 이하 주택을 보유하고 있는 경우로 2주택 모두 조정대상지역에 해당하지 않는 경우 종합부동산세율은 3%이며, 농어촌특별세(종합부동산세×20%)가 추가 발생)

(법인 보유 주택이 3주택 이상이거나 보유하는 2주택이 모두 조정대상지역 주택인 경

우 종합부동산세율은 6%이며, 농어촌특별세(종합부동산세×20%)가 추가 발생)

주택 외 부동산의 종합부동산세

① 종합합산과세대상인 토지의 과세표준(=세율 적용 대상 금액) : 나대지
(납세자별 해당 과세대상 토지의 공시가격을 합산한 금액 - 5억
원)×공정시장가액비율(100%)

② 별도합산과세대상인 토지의 과세표준(=세율 적용 대상 금액) : 상가나
공장
(납세자별 해당 과세대상 토지의 공시가격을 합산한 금액 - 80억
원)×공정시장가액비율(100%)

> 참고 | 공정시장가액비율
>
> 대통령령으로 정하는 비율로 부동산 시장의 동향과 재정 여건 등을 고려해 정하는
> 금액(60%~100%)

양도소득세

❶ 단기매매세율이나 누진세율에 의한 세금 발생

양도소득세는 단기매매세율을 적용해서 세금 계산을 합니다. 따라서
주택 및 그 외 부동산이나 부동산을 취득할 수 있는 권리(분양권 포함)를
2년 이내에 양도 시 높은 세율을 부담합니다.

또한, 단기매매세율을 적용받지 않더라도 누진세율을 적용하고 있기
때문에 한 해에 여러 개의 부동산을 판매하거나, 양도소득이 많다면 세
금 부담 또한 클 것입니다.

② 주택 양도소득세 비과세

1세대가 2년 이상 보유(거주)한 주택으로 양도 당시 다른 주택이 없다면, 양도소득세를 과세하지 않습니다. 하지만 주택을 추가로 취득한다고 가정 시 앞의 요건이 적용되지 않습니다(일시적 1세대 2주택 등 비과세 특례규정은 예외). 따라서 추가 주택 취득 시 본인 명의로 한다는 것은 기존주택 비과세 포기로 많은 세금을 부담한다는 전제로 취득하는 것입니다.

상속세 및 증여세

다주택자가 본인 명의로 주택을 추가로 취득한 경우로, 이후 자녀 명의로 이전하고 싶다면, 증여세(생존 당시 자녀 명의 이전 시 발생)나 상속세(사망으로 자녀 명의 이전 시 발생)가 발생할 수 있으며, 이 또한 누진세율 체계를 가지고 있으므로, 주택을 추가로 취득한 경우 세금이 크게 발생할 수 있습니다.

이미 다주택자인데 부동산 법인이 필요한가요?

다주택자들이 본인 명의로 부동산을 추가로 구입하기에는 세금이 너무 많이 발생합니다. 부동산 법인을 만들어 부동산 법인 명의로 주택을 취득한다면, 세부담에 있어서 큰 절세를 확보할 수 있습니다.

배우자 명의나 자녀 명의로 주택을 구입해도 되나요?

물론 배우자도, 자녀도, 주택이나 다른 부동산을 취득할 수 있습니다. 제3자에게 취득할 수도 있고, 부모에게서도 취득할 수 있으며, 배우자에게서도 취득할 수 있습니다.

매매가격 실제 지급

취득이라는 것은 돈을 주고 취득하는 것이기 때문에 특수관계자 간 부동산 거래의 경우에는 더더욱 실제 매수자 이름으로 지급되었는지를 밝혀야 합니다. 만약 매수자 본인 이름으로 지급된 것을 증명하지 못하면, 증여받은 것으로 추정됩니다.

지급된 금액 출처

지급된 금액이 어떻게 번 돈인지를 밝혀야 합니다. 또한, 돈이 실제로 왔다 갔다 하는 통장 거래내역을 준비했다고 하더라도, 매수하는 사람의 매수대금이 실제 어디서 발생했는지를 밝히지 못한다면, 그것 또한 증여세가 발생합니다.

1 신고했거나 과세받은 소득금액(번 돈인데 비과세 또는 감면받은 경우에도 인정하는 경우에 포함합니다)

2 신고했거나 과세받은 상속 또는 수증재산의 가액

3 재산을 처분한 대가로 받은 금전이나 부채를 부담하고 받은 금전으로 당해 재산의 취득 또는 당해 채무의 상환에 직접 사용한 금액

최근 국세청이나 지방자치단체의 조사시스템강화로 소득이 없는 자는 증여세를 신고하지 않고는 주택을 취득할 수 없습니다. 따라서 앞으로는 배우자나 자녀 명의로 막대한 증여세 부담을 하지 않고서는 주택을 구입하기가 어렵습니다.

❶ 국세청과 지방자치단체의 시각

• **국세청**

소득이 없는 사람이 주택 등의 부동산을 취득할 때 자금출처 조사를 통해 증여세를 부과합니다. 대출로 부동산을 취득하더라도 대출금 상환이 일어날 때 다시 상환자금에 대한 조사를 하기 때문에 대출이란 방법은 이자부담만 발생시킬 수 있습니다.

• **지방자치단체**

투기과열지구나 조정대상지역 내에서 주택 거래 시 거래금액과 무관하게 자금조달계획서를 제출해야 합니다(6·17 대책 내용(2020. 6. 17 발표). 그 외 비규제지역은 6억 원 이상 주택 취득 시 자금조달계획서 신고 의무가 있습니다. 또한, 투기과열지구 내 주택 거

래 신고 시 거래가액과 무관하게 자금조달계획서 작성 항목별 증빙서류를 첨부해 제출하도록 해야 합니다(6·17 대책).

이는 증빙자료를 확인해 불법증여, 대출규정 위반 등 의심 거래는 집중 관리대상자로 선정하고, 실거래신고 즉시 조사에 착수하며, 매수자의 매수대금이 본인의 돈이 아니라고 판단되면, 조사를 통해 그 이유를 밝히게 됩니다.

부동산 거래관리시스템(rtms.molit.go.kr)에서도
신청할 수 있습니다.

주택취득자금 조달 및 입주계획서

※ 색상이 어두운 난은 신청인이 적지 않으며, [ ]에는 해당되는 곳에 √표시를 합니다.
(앞쪽)

접수번호		접수일시		처리기간	

제출인 (매수인)	성명(법인명)		주민등록번호(법인·외국인등록번호)	
	주소(법인소재지)		(휴대)전화번호	

① 자금 조달계획	자기 자금	② 금융기관 예금액	원	③ 주식·채권 매각대금	원
		④ 부동산 처분대금 등	원	⑤ 증여·상속 등	원
		[ ] 부부 [ ] 직계존비속(관계 :) [ ] 그 밖의 관계( )		[ ] 보유 현금 [ ] 그 밖의 자산(종류 :)	
		⑥ 부동산 처분대금 등	원	⑦ 소계	원
	차입금등	⑧ 금융기관 대출액 합계	원	주택담보대출	원
				신용대출	원
				그 밖의 대출 (대출 종류 :)	원
		기존 주택 보유 여부 (주택담보대출이 있는 경우만 기재) [ ] 미보유 [ ] 보유 (건)			
		⑨ 임대보증금 등	원	⑩ 회사지원금·사채 등	원
		⑪ 그 밖의 차입금	원	⑫ 소계	원
		[ ] 부부 [ ] 직계존비속(관계 :) [ ] 그 밖의 관계( )			
	⑬ 합계				원

⑭ 조달자금 지급방식	총거래금액	원
	⑮ 계좌이체 금액	원
	⑯ 보증금·대출 승계 금액	원
	⑰ 현금 및 그 밖의 지급방식 금액	원
	지급 사유 ( )	

⑱ 입주 계획	[ ]본인입주 [ ]본인 외 가족입주 (입주 예정 시기 : 년 월)	[ ]임대 (전·월세)	[ ]기타 (재건축 등)

'부동산 거래신고 등에 관한 법률 시행령' 별표 1 제2호 나목, 같은 표 제3호 가목 전단, 같은 호 나목 및 같은 법
시행규칙 제2조 제6항부터 제9항까지의 규정에 따라 위와 같이 주택취득자금 조달 및 입주계획서를 제출합니다.

년 월 일

제출인 (서명 또는 인)

시장·군수·구청장 귀하

유의사항

1. 제출하신 주택취득자금 조달 및 입주계획서는 국세청 등 관계기관에 통보되어, 신고내역 조사 및 관련 세
법에 따른 조사 시 참고자료로 활용됩니다.
2. 주택취득자금 조달 및 입주계획서(첨부서류 제출대상인 경우 첨부서류를 포함합니다)를 계약체결일부터
30일 이내에 제출하지 않거나 거짓으로 작성하는 경우 '부동산 거래신고 등에 관한 법률' 제28조 제2항 또
는 제3항에 따라 과태료가 부과되오니 유의하시기 바랍니다.
3. 이 서식은 부동산 거래계약 신고서 접수 전에는 제출이 불가하오니 별도 제출하는 경우에는 미리 부동산
거래계약 신고서의 제출 여부를 신고서 제출자 또는 신고관청에 확인하시기 바랍니다.

210mm×297mm[백상지(80g/㎡) 또는 중질지(80g/㎡)]

첨부 서류	투기과열지구에 소재하는 주택의 거래계약을 체결한 경우에는 다음 각 호의 구분에 따른 서류를 첨부해야 합니다. 이 경 우 주택취득자금 조달 및 입주계획서의 제출일을 기준으로 주택취득에 필요한 자금의 대출이 실행되지 않았거나 본인 소유 부동산의 매매계약이 체결되지 않은 경우 등 항목별 금액 증명이 어려운 경우에는 그 사유서를 첨부해야 합니다. 1. 금융기관 예금액 항목을 적은 경우 : 예금잔액증명서 등 예금 금액을 증명할 수 있는 서류 2. 주식·채권 매각대금 항목을 적은 경우 : 주식거래내역서 또는 예금잔액증명서 등 주식·채권 매각 금액을 증명할 수 있는 서류 3. 증여·상속 항목을 적은 경우 : 증여세·상속세 신고서 또는 납세증명서 등 증여 또는 상속받은 금액을 증명할 수 있는 서류 4. 현금 등 그 밖의 자금 항목을 적은 경우 : 소득금액증명원 또는 근로소득 원천징수영수증 등 소득을 증명할 수 있는 서류 5. 부동산 처분대금 등 항목을 적은 경우 : 부동산 매매계약서 또는 부동산 임대차계약서 등 부동산 처분 등에 따른 금 액을 증명할 수 있는 서류 6. 금융기관 대출액 합계 항목을 적은 경우 : 금융거래확인서, 부채증명서 또는 금융기관 대출신청서 등 금융기관으로 부터 대출받은 금액을 증명할 수 있는 서류 7. 임대보증금 항목을 적은 경우 : 부동산 임대차계약서 8. 회사지원금·사채 또는 그 밖의 차입금 항목을 적은 경우 : 금전을 빌린 사실과 그 금액을 확인할 수 있는 서류

작성방법

1. ① '자금조달계획'에는 해당 주택의 취득에 필요한 자금의 조달계획을 적고, 매수인이 다수인 경우 각 매수인별로 작성해야 하며, 각 매수인별 금액을 합산한 총금액과 거래신고된 주택거래금액이 일치해야 합니다.
2. ② ~ ⑥에는 자기자금을 종류별로 구분해 중복되지 않게 적습니다.
3. ② '금융기관 예금액'에는 금융기관에 예치되어 있는 본인 명의의 예금(적금 등)을 통해 조달하려는 자금을 적습니다.
4. ③ '주식·채권 매각대금'에는 본인 명의 주식·채권 및 각종 유가증권 매각 등을 통해 조달하려는 자금을 적습니다.
5. ④ '증여·상속'에는 가족 등으로부터 증여받거나 상속받아 조달하는 자금을 적고, 자금을 제공한 자와의 관계를 해당 난에 √표시를 하며, 부부 외의 경우 해당 관계를 적습니다.
6. ⑤ '현금 등 그 밖의 자금'에는 현금으로 보유하고 있는 자금 및 자기자금 중 다른 항목에 포함되지 않는 그 밖의 본인 자산을 통해 조달하려는 자금(금융기관 예금액 외의 각종 금융상품 및 간접투자상품을 통해 조달하려는 자금 포함)을 적고, 해당 자금이 보유하고 있는 현금일 경우 '보유 현금'에 √표시를 하고, 현금이 아닌 경우 '그 밖의 자산'에 √표시를 하고 자산의 종류를 적습니다.
7. ⑥ '부동산 처분대금 등'에는 본인 소유 부동산의 매도, 기존 임대보증금 회수 등을 통해 조달하려는 자금 또는 재건축, 재개발 시 발생한 종전 부동산 권리가액 등을 적습니다.
8. ⑦ '소계'에는 ② ~ ⑥의 합계액을 적습니다.
9. ⑧ ~ ⑪에는 자기자금을 제외한 차입금 등을 종류별로 구분하여 중복되지 않게 적습니다.
10. ⑧ '금융기관 대출액 합계'에는 금융기관으로부터 대출을 통해 조달하려는 자금 또는 매도인의 대출금 승계 자금을 적고, 주택담보대출·신용대출인 경우 각 해당 난에 대출액을 적으며, 그 밖의 대출인 경우 대출액 및 대출 종류를 적습니다. 또한 주택담보 대출액이 있는 경우 '기존 주택 보유 여부'의 해당 난에 √표시를 합니다. 이 경우 기존 주택은 신고하려는 거래계약 대상인 주택은 제외하고, 주택을 취득할 수 있는 권리와 주택을 지분으로 보유하고 있는 경우는 포함하며, '기존 주택 보유 여부' 중 '보유'에 √표시를 한 경우에는 기존 주택 보유 수(지분으로 보유하고 있는 경우에는 각 건별로 계산합니다)를 적습니다.
11. ⑨ '임대보증금'에는 취득 주택의 신규 임대차 계약 또는 매도인으로부터 승계한 임대차 계약의 임대보증금 등 임대를 통해 조달하는 자금을 적습니다.
12. ⑩ '회사지원금·사채'에는 금융기관 외의 법인, 개인사업자로부터 차입을 통해 조달하려는 자금을 적습니다.
13. ⑪ '그 밖의 차입금'에는 ⑧ ~ ⑩에 포함되지 않는 차입금 등을 적고, 자금을 제공한 자와의 관계를 해당 난에 √표시를 하고 부부 외의 경우 해당 관계를 적습니다.
14. ⑫에는 ⑧ ~ ⑪의 합계액을, ⑬에는 ⑦과 ⑫의 합계액을 적습니다.
15. ⑭ '조달자금 지급방식'에는 조달한 자금을 매도인에게 지급하는 방식 등을 각 항목별로 적습니다.
16. ⑮ '계좌이체 금액'에는 금융기관 계좌이체로 지급했거나 지급 예정인 금액 등 금융기관을 통해서 자금지급 확인이 가능한 금액을 적습니다.
17. ⑯ '보증금·대출 승계 금액'에는 종전 임대차계약 보증금 또는 대출금 승계 등 매도인으로부터 승계했거나 승계 예정인 자금의 금액을 적습니다.
18. ⑰ '현금 및 그 밖의 지급방식 금액'에는 ⑮, ⑯ 외의 방식으로 지급했거나 지급 예정인 금액을 적고 계좌이체가 아닌 현금(수표) 등의 방식으로 지급하는 구체적인 사유를 적습니다.
19. ⑱ '입주 계획'에는 해당 주택의 거래계약을 체결한 이후 첫 번째 입주자 기준(다세대, 다가구 등 2세대 이상인 경우에는 해당 항목별 중복하여 적습니다)으로 적으며, '본인입주'란 매수자 및 주민등록상 동일 세대원이 함께 입주하는 경우를, '본인 외 가족입주'란 매수자와 주민등록상 세대가 분리된 가족이 입주하는 경우를 말하며, 이 경우에는 입주 예정 시기 연월을 적습니다. 또한 재건축 추진 또는 멸실 후 신축 등 해당 주택에 입주 또는 임대하지 않는 경우 등에는 '그 밖의 경우'에 √표시를 합니다.

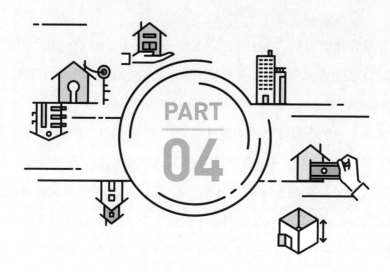

WHERE

부동산 법인은
어디서 만들고,
어디서 관리를
받을 수 있나요?

부동산 법인은 어디서 만들 수 있나요?

부동산 법인을 만든다는 것은 부동산 법인을 설립한다는 것을 의미합니다. 사람은 태어나면서 특별한 자격요건 없이도 인격이 부여되며(= 태생적 부여), 출생신고를 하면 주민등록번호가 부여됩니다.

법인은 사람과 달리 법에 의해서 인격이 부여됩니다. 법에 의해 부여되는 인격을 우리는 '법인격'이라 부르고, 법인설립 신청을 통해서 인격을 부여받을 수 있습니다. 이때 법원에 법인설립 신청에 필요한 서류를 작성 후 제출하고, 작성된 서류의 진위를 증명할 수 있는 서류를 준비 및 첨부하는 행위를 '설립행위'라고 합니다. 설립행위는 직접 할 수도 있고, 업무를 대신할 수 있는 자격이 있는 사람을 통해서 할 수도 있습니다.

타인을 위해 법인설립등기 신청을 할 수 있는 자격이 있는 사람은 변호사와 법무사 등 법률대리인입니다.

우리는 소송할 때 변호사 사무실을 찾아갑니다. 소송을 해서 우리에게 유리한 판결을 받아내기 위해 막대한 수수료를 부담하고서라도 변호사의 도움을 받고자 합니다. 하지만 우리나라는 소송을 본인이 직접할 수 있게 시스템이 잘 갖춰져 있습니다. 그런데 왜 직접 하지 않고, 막대한 비용을 지불하며, 변호사 사무실에 위임할까요?

업무를 우리가 원하는 방향으로 처리하기에는 전문성이 많이 부족하고, 시간과 비용이 너무 많이 들어가기 때문입니다. 또한, 처리 내용에 잘못이 발생되어 나타날 수 있는 문제는 감당하기에 큰 문제가 될 수도 있습니다. 따라서 직접 법인설립등기 신청을 할 수 있는 투자자라면 직접 하는 것도 좋지만, 그 시간과 노력에 대한 수수료가 크지 않다면, 법무사 사무실을 찾아가는 것도 좋은 방법입니다.

법무사 사무실에서 부동산 법인 관련 업무를 주로 하는데, 다음과 같은 업무를 보통 진행합니다.

법무사 사무실의 업무

❶ 법인설립등기 신청

법인의 인격을 부여받기 위해 가장 먼저 하는 업무입니다.

• 법인설립등기 신청서 작성

법인설립등기 신청서에 기입될 내용을 먼저 안내하고 설명 후 신청서를 작성하는 업무를 합니다.

• 법인설립등기 신청서 접수 시 첨부서류의 준비

법인설립등기 신청서 접수 시 첨부해야 할 서류의 안내(확인)와 접수업무를 합니다.

❷ 법인지점설치 신고

부동산 법인은 부동산을 하나 추가할 때마다, 사업자등록을 하나 더 추가로 만들어야 합니다. 이때 세무서에서는 법인등기부등본에 지점설치 등기가 된 것을 보고, 지점 사업자등록증을 만들어 주는데, 이때 필요한 지점설치 등기업무는 법무사 사무실에 의뢰하면 됩니다.

❸ 정관내용 변경 신청

법인정관이란 법인이 태어난 이유인 회사의 목적과 조직에 대한 업무 집행에 관한 자주적이고, 근본적인 규칙을 만들어 놓은 서류입니다 (법인정관은 발기인이 작성). (발기인 : 주식회사의 설립행위자 = 주식회사를 설립하는 자)

• 정관의 작성

법인설립 신고 시 법무사 사무실에서 작성을 해서 법원에 제출합니다. 정관에 기재되는 사항은 절대적 기재사항과 상대적 기재사항, 임의적 기재사항으로 나누어집니다.

정관의 절대적 기재사항
정관에 반드시 기재되어야 하며, 하나라도 빠지면 정관 전체가 무효가 됩니다. ㉠ 목적 ㉡ 상호 ㉢ 회사가 발행할 주식의 총수 ㉣ 액면주식을 발행하는 경우 1주의 금액 ㉤ 회사의 설립 시에 발행하는 주식의 총수 ㉥ 본점의 소재지 ㉦ 회사가 공고를 하는 방법 ㉧ 발기인의 성명·주민등록번호 및 주소

정관의 상대적 기재사항
정관에 기재되지 않아도 정관이 무효가 되지 않지만, 기재하지 않을 경우 법률상의 효력이 발생하지 않는 사항입니다.

정관에 기재되어 있어야 그 효력이 발생되는 것은 아니지만, 기재가 된다면 그 내용으로 효력이 발생하는 내용들입니다. 만약 이러한 내용들이 정관에 기재가 되면, 변경할 때마다 엄격한 절차를 지켜야 하는 만큼 시간과 비용이 추가로 발생됩니다. 따라서 정관보다는 별도의 규정을 만들어 놓는 것이 좋습니다.

• 정관의 변경신고

정관의 내용에 변경이 필요한 경우 그 변경내용을 법원에 신고해야 합니다.

❹ 임원 변경신고

• 이사의 임기

이사의 임기는 3년을 초과하지 못합니다. 다만 이사의 임기는 정관으로 그 임기 중의 최종의 결산기에 관한 정기주주총회의 종결에 이르기까지 연장할 수 있습니다.

• 감사의 임기

감사의 임기는 취임 후 3년 내의 최종의 결산기에 관한 정기총회의 종결 시까지로 합니다. 즉 감사는 3년을 초과할 수 없습니다. 감사는 회사 및 자회사의 이사 또는 지배인 기타의 사용인의 직무를 겸하지 못합니다.

❺ 기타 법원업무 관련 업무의 대행

법무사를 잘 알고 지내는 것은 부동산 법인을 운영하면서 어려울 때 도움을 많이 받을 수 있는 든든한 친구를 둔 것과 같습니다. 우리는 몸이 아프지 않을 때 의사를 찾지도 않고, 몰라도 큰 문제가 없다고 생각합니다. 하지만 건강이 좋지 않거나 가족이 갑자기 아플 때 잘 아는 의사가 있다면 분명 큰 도움이 됩니다.

사업을 한다는 것은 언제 어디서 무슨 일이 생길지 모르는 상황입니다. 이때 법무사를 잘 알고 있다면 문제 해결에 큰 도움이 될 수 있고, 특히 부동산 법인은 항상 분쟁의 대상이 될 수 있으므로, 궁금할 때마다 물어볼 수 있는 법무사가 필요합니다.

부동산 법인관리, 세무사 사무실에 꼭 맡겨야 하나요?

부동산 투자의 주된 목적은 부동산 투자 소득 발생과 새로운 투자 시도입니다. 투자 효율성의 극대화를 위해서는 한정된 시간을 부동산 투자에 집중해서 소득 창출의 극대화를 시도해야 할 것입니다. 하지만 부동산 투자를 하면 여기저기에서 비용이 발생하는 상황이 생깁니다. 이러한 비용을 줄이려고 하다 보면, 어느 순간 투자를 하는 노력과 시간보다 비용을 줄이는 업무가 우선이 되어버리는 상황이 발생되는 경우가 있습니다.

무엇이든 투자자 본인이 직접 할 수 있습니다. 하지만 투자자가 본인의 시간을 들여 노력을 해서 줄이는 비용이 투자로 인한 소득 창출의 기회를 놓치는 결과를 가져올 수 있지는 않은지에 대해 생각해봐야 합니다. 부동산 투자자들은 세법에 대한 기본적인 지식을 반드시 가지고 있어야 합니다. 또한, 그 지식을 활용하는 노력과 세법 변화를 업데이트 하는 노력은 분명 부동산 투자자들의 몫입니다. 하지만 부동산 법인의 세무 업무는 분명 이것만으로 끝나지 않습니다.

부동산 법인의 세무 업무는 부동산 투자와 관련한 세무 상담으로 시작해 부동산 법인의 세무 장부작성을 포함한 여러 기타의 세무 업무로 구분됩니다. 이러한 부동산 법인의 세무 업무는 일회성이 아니며, 전문성을 필요로 합니다. 세무서나 지방자치단체의 세무과를 포함한 4대보험공단 및 은행 등에 끊임없이 서류제출을 해야 하고, 조사 등을 받아야 하기 때문에 부동산 투자자들이 직접 하기에는 무리가 있습니다.

부동산 법인 관련 세무사 사무실의 업무

부동산 법인은 어떠한 세무 업무를 필요로 하는지에 대해 알아보도록 하겠습니다.

세무사 사무실
1 사업자등록 신청
2 법인 장부의 작성(= 기장)
3 법인소득세의 신고(= 조정)
4 인건비 및 기타 각종 신고 업무(관련 4대보험 업무)
5 신고된 법인 장부에 대한 조사 관련 법인의 대응 업무
6 은행 및 금융기관 등에 법인 관련 서류제출

부동산 법인의 부동산 취득으로 취득세 신고 시 계정별 원장의 작성

부동산 등기를 위해서는 취득세 납부 영수증이 있어야 합니다. 취득세를 신고하고 납부하기 위해 필요한 서류 중 하나인 계정별 원장 작성을 의뢰할 수 있습니다.

세무사 사무실에 지급하는 수수료

세무사 사무실에 부동산 법인에 관한 세무 업무를 위임할 때 지급하는 수수료는 크게 기장수수료와 조정수수료 등으로 구분됩니다.

❶ 기장수수료

기장이란 단어는 '장부기입'의 줄임말로 해석하면 됩니다. 회사에서 발생하는 수익과 비용들은 1차적으로 법인에서 그 증빙을 준비해야 합니다(식대가 발생하면 결제 신용카드 전표나 현금 영수증 등 증빙서류의 보관).

그 증빙을 세무사 사무실에 제출 시 세무사 사무실은 그 증빙들을 전산에 입력해서 장부를 만들어 해당 연도에 이익이 발생했는지, 손해가 발생했는지를 신고합니다. 또한 자산과 부채는 어떤 것들이 있고, 그 재산의 변동은 어떻게 되었는지에 대해서 장부를 만들게 되는데, 이에 대한 수수료가 기장료입니다.

❷ 조정수수료

부동산 법인이 신고하고 납부해야 할 세금은 세법의 규정으로 계산된 소득입니다. 하지만 세무사 사무실에서 기장을 통해 만들어진 1차 장부는 회계기준 장부입니다. 회계상 장부를 세법상 장부로 조정(=수정)해서 세금 신고를 할 수 있도록 신고서를 작성하고, 관련 자료(=재무제표 등) 작성의 전반적인 업무를 하는데, 이러한 절차를 '세무 조정'이라고 하고, 그 수수료를 '세무 조정 수수료(=조정료)'라고 합니다.

세무사 사무실에서 만들어진 신고서와 재무제표 등의 장부는 이후 금융기관 등에서 제출을 요구하고 기업신용도 평가에 활용해 대출한도나 이자율을 결정하기 때문에 아주 중요합니다.

기존 대출의 연장이 필요하거나 이자율 인하 요청이나 신규대출이 필요한 경우, 반드시 세무사와 충분하게 상담 후 법인 결산을 해야 합니다.

세무사 사무실에 지급되는 수수료의 산정기준

세무사 사무실은 법인의 업무량이나 난이도 등을 기준으로, 법인의 장부를 작성하는 담당직원을 배정하게 됩니다. 회사업무가 많고 어려울수록 급여가 높은 경력직원을 배정하는데, 수수료 역시 이와 무관하지 않습니다. 부동산 법인이 세무사 사무실에 지급하는 수수료에 비해 세무사 사무실에서 받는 서비스는 굉장히 많다고 생각하면 됩니다.

❶ 법인과 세무서의 중간자 역할

부동산 법인의 업무와 관련해서 국세청과 문제가 생기거나 다툼이 발생했을 때, 세무사를 대리인으로 선임하고, 홈택스에 세무 대리인을 등록했을 경우 국세청(=세무서)은 대부분 세무사에게 먼저 연락을 합니다. 세무사 사무실에서 대리인으로 대화를 시도하기 때문에 부동산 법인 운영자가 받는 스트레스가 크게 줄어듭니다. 세무서의 전화를 받으면 당장 큰일이 아니라도, 부동산 투자자가 받는 스트레스는 매우 크게 발생하기 때문입니다.

❷ 금융기관 등의 대출에 필요한 회사 장부의 전송

은행이나 신용평가기관에서 대출을 받을 때나 연장 시 꼭 필요한 장부가 있습니다. 이러한 장부를 제출할 때는 보통 세무사 사무실에 연락을 해서 요청을 합니다. 요청하는 금융기관이나, 요청받는 부동산 법인이나, 중간에 세무사 사무실이 있어서 업무처리가 많이 편해지는 것은 분명한 사실입니다.

세무사 사무실이 없다면 관련 서류를 직접 출력해서 금융기관에 방문을 해야 하며, 이것 때문에 발생하는 시간과 비용 또한 적지 않습니다.

부동산 법인을 만들면 직원을 채용해야 하는 것 아닌가요?

회사를 운영한다는 것은 그만큼 해야 할 행정업무들이 많이 늘어난다는 것입니다. 보통은 담당직원을 채용해서 그 업무를 직원에게 부여하고, 대표이사나 임원들은 수익창출(=영업)을 합니다.

가화만사성이란 말이 있듯 회사에서도 내부 업무가 안정이 되어야 외부 업무를 마음 편하게 할 수 있는 법입니다. 하루가 멀다 하고 구청이나 세무서 또는 노동청에서 전화가 온다면 돈 버는 일이 제대로 될 수 없습니다.

인건비를 부담하더라도 채용한 직원의 업무 전문성이 떨어지면, 직원을 뽑아도 업무가 제대로 처리되지 않을 것입니다. 반면 업무 전문성이 뛰어난 직원을 채용하면, 인건비가 부담되어 대표이사가 업무 처리하는 데 상당한 스트레스를 받을 것입니다.

세무사 사무실은 적은 부담으로, 지급하는 비용에 비해서 상당히 업무 전문성이 뛰어난 업무를 위임할 수 있습니다. 물론 많은 비용을 지불해서 채용된 업무 전문성이 뛰어난 직원이 하는 일만큼 할 수 있는 것은 아닙니다.

또한, 회사 직원처럼 편하게 업무를 위임하고 세세한 업무까지 시킬 수 있는 것도 아니지만, 지출되는 비용에 비해 최고의 효율적 업무 서비스를 제공받을 수 있습니다.

3 부동산 등기할 때 꼭 필요한 회계장부, 어디서 만드나요?

부동산을 취득 후 소유권 변경사실과 소유권 귀속자 등을 외부에 알리기 위해서 꼭 해야 하는 것이 부동산 이전등기입니다. 이전등기를 하지 않으면 과태료가 발생합니다.

1 부동산에 관한 권리의 변동 효력
부동산 취득으로 인한 물권의 득실변경은 등기가 되어야 그 효력이 발생합니다.
(등기필증이 교부되어도 등기부에 미기재 시 권리의 변동 효력이 없음)

2 부동산 소유권 관련 대항력의 발생
부동산은 소유권등기를 해야 제3자에게 소유권에 대해서 대항할 수 있습니다.

부동산의 소유권이전을 내용으로 하는 계약을 체결하는 자는 반대급부 이행이 완료된 날로부터 60일 이내에 소유권이전등기를 신청해야 합니다. 만약 60일 경과 후 등기 신청을 하면, 과태료가 발생됩니다.

계정별 원장의 필요성

부동산 소유권이전등기를 하려면, '계정별 원장'이라는 회계장부가 필요합니다. 부동산 매입 후 잔금지급일로부터 60일 이내에 소유권이전등기를 해야 합니다. 소유권이전등기를 하기 위해서는 취득세 영수필확인서가 필요합니다. 부동산 법인의 경우에는 취득세를 납부하려고 하면 계정별 원장이라는 법인장부가 필요한데, 보통은 법무사의 요청으로 세무사 사무실에서 작성됩니다.

계정별 원장, 미리 만들어 놓자

법무사 사무실에서는 계정별 원장과 기타 필요서류를 만들어 취득세를 납부하고, 영수필확인서를 받아 소유권이전등기 업무를 완료합니다. 소유권이전등기 접수기한이 다 되어서 취득세 서류 접수 및 납부업무를 급하게 하다 보면, 계정별 원장이 누락되는 경우가 발생할 수 있습니다. 왜냐하면 세무사 사무실에 요청해서 받는 경우가 대부분이기 때문입니다.

다른 서류는 다 준비했으나 계정별 원장이 없어서 취득세를 납부하지 못하고, 그 결과 등기가 되지 않아서 과태료가 발생하는 경우가 있습니다. 또 다른 이유는 부동산 매매잔금을 부동산 이전등기부터 하고, 금융기관의 대출금을 받아 지급하려고 하는 경우가 있습니다. 이때 계정별 원장의 누락으로 정상적으로 이전등기가 되지 않아서 대출이 안 되고, 잔금이 지급되지 않는다면, 많이 당황스러운 상황이 발생할 수 있습니다.

계정별 원장 양식의 활용

계정별 원장
2020년 1월 1일 ~ 2020년 12월 31일

회사명 : (주)가람

계정과목(146) : 상품

날짜	적요란	코드	거래처	차변	대변	잔액
02-28	대구광역시 북구 롯데캐슬 아파트			342,000,000		342,000,000
02-28	공인중개사 수수료			5,000,000		347,000,000
	[월계]					347,000,000
	[누계]					347,000,000

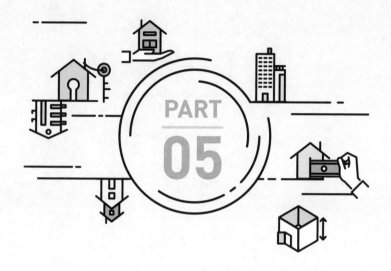

PART

05

부동산 법인,
어떻게 만들 수
있나요?

HOW
01

부동산 법인은
어떻게 만드나요?

법인의 설립절차와 사업자등록 신청 방법에 대해 알고 싶어요

부동산 법인을 만들려면 먼저 법원에서 법인격을 부여받아야 합니다. 그리고 사업을 하기 위해서 사업자등록을 신청해야 하는데, 다음 절차에 의해 진행이 됩니다.

> 법인설립 신청 → 법인등록번호 부여(법원) → 법인이름의 임대차계약서 작성 → 사업자등록증 발급 → 통장 및 기타 금융거래 → 부동산 법인의 부동산 거래가능

부동산 법인의 법인격을 부여받는 방법과 절차에 대해서 알아보도록 하겠습니다.

법인설립 절차 및 사업자등록의 과정

법인설립 후 사업자등록을 하려고 하면, 다음과 같은 절차를 진행해야 합니다.

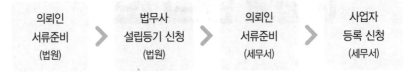

| 의뢰인
서류준비
(법원) | > | 법무사
설립등기 신청
(법원) | > | 의뢰인
서류준비
(세무서) | > | 사업자
등록 신청
(세무서) |

법인설립절차 및 방법

법인설립등기 신청을 하기 위해서는 다음의 2가지를 준비해야 합니다.

• 법인설립 신청서 작성하기
• 법인설립 신청서 제출 시 첨부서류 준비하기

사업자등록절차 및 방법

• 사업자등록 신청서 작성하기
• 사업자등록 신청서 제출 시 첨부서류 준비하기

부동산 법인설립 및 사업자등록에 소요되는 시간

부동산 법인설립을 하고 사업자등록 후 통장 발급 시까지는 빠른 경우 1주일, 길게는 2주일 정도 소요됩니다. 이는 법인설립 신청서를 접수 후 소요되는 기간으로, 설립 신청서에 기입될 내용의 결정기간까지 감안한다면, 최소 2주일 준비기간이 필요합니다. 따라서 부동산 법인이 필요한 투자자라면, 미리 법인설립 신청서를 작성해놓는다든지, 아니면 여유 있게 충분한 시간을 두고 준비를 해야 합니다.

1 법원 처리기간 : 처리기간 접수일로부터 영업일 기준(3~5일)
2 세무서 처리기간 : 처리기간 접수일로부터 영업일 기준(3~5일)
3 금융기관 처리기간 : 처리기간 접수일 기준 당일 발급 가능(필요서류가 많음)

2. 법인설립등기 신청서에는 어떠한 내용들이 필요한가요?

법인설립등기의 신청이란 개인 간의 계약서 같은 것이 아니라, 법원의 결정에 따라 새로운 인격을 만들어내는 것으로, 아주 엄격한 요건과 절차를 필요로 합니다. 법무사 사무실에 법인설립 업무를 위임하지 않고 직접 신청서를 작성하는 경우, 준비해야 할 내용과 서류들 자체가 일반인들이 이해하기가 어려운 부분들이 많습니다. 따라서 가능하면 법무사 사무실을 통해 법인설립을 하는 것을 추천합니다.

법인설립등기 신청 업무 위임 시 알아야 할 내용

법무사 사무실에 법인설립등기 업무를 위임하더라도, 법무사 사무실에서는 신청서를 작성할 때 기입될 내용을 의뢰인에게 물어보고 작성을 합니다. 이때 필요한 내용들을 먼저 알아보도록 하겠습니다.

법인설립등기 신청서 작성 전 미리 준비해야 할 사항

- 법인명칭
- 사업목적
- 본점 소재지
- 1주의 금액
- 자본금 총액

- 주주의 인적사항
- 주주의 지분비율
- 임원의 인적사항

　법인설립등기 신청은 사람이 태어날 때 출생신고를 하는 것과 같습니다. 출생신고를 할 때 어떠한 내용이 필요한지를 생각해본다면, 다음 내용의 준비와 결정이 쉬울 것입니다.

미리 정할 사항

구분	내용	참고사항
법인명칭		주식회사○○○, ○○○주식회사 만약 영어를 넣는다면 (　)안에 넣어야 합니다.
사업목적	1. 주택신축 판매업 1. 건설업 1. 주택임대업 1. 상가임대업 1. 부동산 개발 및 컨설팅업 1. 각 호에 부대하는 사업	업태와 종목에 들어갈 내용을 기입하면 됩니다.
사무소 주소		법인설립 시에는 임대차계약서가 필요 없으나 사업자등록을 신청할 경우에는 필요합니다.
1주의 금액		보통 10,000원 / 5,000원
자본금 총액		금액은 제한이 없으나 잔고증명서 발행 가능한 금액(잔고증명은행 지점명, 잔고증명 일자 기재)

구분	내용	참고사항
주주의 인적사항 (주민등록번호 및 주소 기재)		1명도 가능합니다.
주주 지분비율		주주 중에 미성년자(만 19세 미만)가 있으면 미성년자의 인감증명서와 인감도장은 필요가 없으며, 미성년자의 기본증명서(상세)와 가족관계증명서(상세) 각 1통 준비, 부모님(부와 모)의 인감증명서와 인감도장 필요
임원의 인적사항 (주민등록번호 및 주소 기재)		사내이사 1명 이상(사내이사가 2명 이상인 경우 대표이사 성명), 설립 시 감사(주주 이외인 사람) 1명 필요합니다.

법인설립등기 신청서 작성 전 준비해야 할 내용이 무엇인가요? (상호 편)

법무사 사무실에 법인설립을 의뢰를 하더라도 설립등기 신청서에 기입될 내용은 미리 준비를 해야 법인설립 신청서를 작성할 수 있습니다. 어떤 것이 있으며 그 내용들이 무엇을 의미하는지에 대해 알아보도록 하겠습니다.

법인명칭

① 사용 가능한 법인상호

법인도 개인과 같은 인격체입니다. 따라서 개인의 이름이 있듯 법인도 이름이 있어야 합니다. 개인은 동일한 이름이 있더라도 같은 이름을 사용할 수 있으나, 법인은 경우에 따라 동일한 이름을 사용할 수 없는 경우도 있습니다.

상법 제22조(상호등기의 효력)
타인이 등기한 상호는 동일한 특별시·광역시·시·군에서 동종영업의 상호로 등기하지 못한다.

② 내가 쓰고 싶은 상호를 이미 다른 법인에서 쓰고 있다면?

이름을 짓는 것은 쉽지 않은 일입니다. 심사숙고해서 이름을 결정했는데, 그 이름을 사용할 수 없는 경우가 있습니다. 이름을 짓기 전에 먼저 대법원 인터넷사이트에서 사용 가능한 이름인지, 사용 불가능한 이름인지 확인할 수 있습니다.

③ 동일 상호가 이미 사용되고 있는지 확인방법

내가 사용하고 싶은 이름의 중복 여부 확인 방법

1 인터넷등기소 홈페이지 접속(www.iros.go.kr)

2 법인상호 검색 클릭

3 법인상호 검색 화면에서 관할 등기소에 전체 등기소 설정 후 검색 란에 상호 입력 후 우측에 검색 버튼 클릭

4 '상호검색 조회 내역이 없습니다' 확인 시 사용 가능

- 인터넷등기소 홈페이지에 접속합니다(www.iros.go.kr).

- 왼쪽 하단의 법인상호 검색을 클릭합니다.

- 관할등기소 카테고리를 클릭해서 전체 등기소를 선택하고, 검색어에 조회하고자 하는 이름을 기입 후 우측의 검색버튼을 클릭합니다.

- '개똥'이라는 이름을 검색하면 다음과 같이 개똥이라는 상호를 사용하는 법인의 이름이 나타납니다. 동일 특별시·광역시·시·군에 동종영업의 상호가 있다면, 그 상호는 사용할 수 없습니다.

• '고양이똥'이라는 이름을 검색하면 다음과 같이 '상호검색 조회 내역이 없습니다'라고 나타납니다. 이 경우 고양이똥이라는 이름으로 법인설립 신청을 할 수 있습니다.

유사상호는 금지되어 있지 않기 때문에 사용할 수 있습니다.

유사상호 사용 금지의 폐지

유사상호 금지 조항(과거)

사업자 간에 유사하거나 동일한 상호 등으로 혼동하게 되는 행위를 방지하기 위해서 부정한 상호 사용을 금지하고 있으므로 타인의 영업으로 오인할 수 있는 상호는 사용할 수 없다.

4 법인설립등기 신청서 작성 전 준비해야 할 내용이 무엇인가요? (기타 편)

사업목적

사업목적을 법인설립 신청서에 작성하는 이유는 사업목적 범위 내에서 인격, 즉 권리능력을 부여하기 위함이며 법인이 태어난 이유, 즉 존재의 목적을 외부에 알리기 위함입니다. 사람(=개인)은 목적을 가지고 태어나는 것은 아닙니다. 하지만 법인은 태어나는 목적이 뚜렷하기 때문에 그 이유를 나타내어야 합니다.

법인의 정보를 알고자 하는 사람은 정관에 사업목적이 나타나기 때문에 정관을 통해 법인의 사업목적을 확인할 수 있습니다. 회사에서 보여주는 정보를 믿어도 되는지 의심이 되면, 법원에서 발급하는 서류를 통해 사업목적을 확인할 수 있습니다. 법원에서 출력한 법인등기부등본에 사업목적이 나타나기 때문에 더 신뢰를 가지고 확인할 수 있습니다.

❶ 법인정관의 사업목적의 확인

다음 표는 정관 내용 중 목적사항이 표기된 내용입니다. 법인설립등기 신청서에 기재된 내용이 다음과 같이 표시됩니다.

정관

제1장 총칙

제1조(상호) 본 회사는 주식회사 표준이라고 한다.

제2조(목적) 본 회사는 다음 사업을 영위함을 목적으로 한다.
1. 경영컨설팅
1. 주택신축판매업
1. 서적 판매업
1. 교육 서비스
1. 의류 도·소매업
1. 주택 및 상가 임대업
1. 부동산 매매업
1. 부동산 개발 공급업
1. 건설업
1. 각 호와 관련된 통신판매업
1. 각 호에 부대하는 사업 일체

➋ 법원발급 법인등기부등본의 사업목적 확인

다음 자료는 법원에서 발급받은 법인등기부등본입니다. 법인설립 신청서에 기재된 목적사항이 잘 표시되어 있는지 확인합니다.

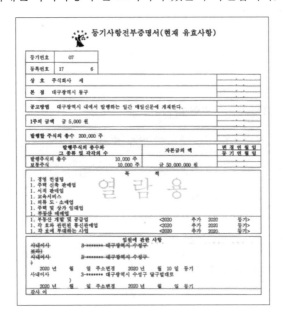

본점 소재지

본점 소재지는 사람으로 비유하면 출생지와 같습니다. 본점 소재지를 결정할 때에는 다음 내용들을 주의해서 결정해야 합니다.

① 임대차계약서상 주소지와 동일

본점 소재지는 임대차계약서상 주소지로 해야 합니다. 세무서에 사업자등록 신청을 할 때에는 임대차계약서가 필수서류입니다. 임대차계약서상 주소와 본점 소재지가 다를 경우 사업자등록증이 발급되지 않을 수 있습니다.

② 최소행정구역으로 표시

본점 소재지는 너무 자세하게 적으면 추가 비용이 발생할 수 있습니다. 정관에 표시하는 본점 소재지는 최소행정구역으로 표시하는 것이 좋습니다. 왜냐하면 정관에 본점 소재지를 너무 자세하게 기입해서 층수까지 나타난다면, 주소가 2층에서 3층으로 변경했다고 하더라도 정관을 변경해야 하기 때문입니다. 단, 법인설립 신청서에는 그 소재 지번까지 정확히 기재해야 합니다.

③ 수도권 과밀억제권역 소재 여부

본점 소재지가 수도권 과밀억제권 내에 있는지 확인해야 합니다.

법인의 대도시 내의 부동산 취득·등기에 대해 중과세를 적용하기 때문입니다.

지방세법 제13조[과밀억제권역 안 부동산 취득 등 중과]

1) 중과대상

(1) 법인의 본점·주 사무소용 부동산 취득에 대한 중과

> ① 과밀억제권역에서 본점이나 주 사무소의 사업용으로 신축하거나 증축하는 건축물과 그 부속 토지를 취득하는 경우
> ② 과밀억제권역(산업단지 · 유치지역 및 공업지역은 제외한다)에서 공장을 신설하거나 증설하기 위하여 사업용 과세물건을 취득하는 경우

> [표준세율 + (중과기준세율 × 200/100)][= 표준세율 + (2% × 2)]

(2) 대도시 내 법인설립 및 전입에 대한 중과세

> 다음 ①, ②의 사유로 대도시의 부동산을 취득하는 경우와 그 설립 · 설치 · 전입 이후의 부동산을 취득하는 경우 취득세가 중과 대상이 됩니다.
> ① 대도시에서의 법인설립(휴면법인 인수 포함)과 지점 또는 분사무소를 설치하는 경우
> ② 법인의 본점 · 주사무소 · 지점 또는 분사무소를 대도시 밖에서 대도시로 전입(수도권의 경우에는 서울특별시 외의 지역에서 서울특별시로의 전입도 대도시로의 전입으로 본다.)함에 따라 대도시의 부동산을 취득하는 경우

> 표준세율 × 300/100 − 중과기준세율 × 200/100(표준세율 × 3 − 2 × 2)
> 표준세율 : 지방자치단체가 지방세를 부과할 경우에 일반적으로 적용하여야 하는 세율

> 대도시 주택을 유상거래로 취득하는 경우 표준세율 + 중과세율 × 4
> (표준세율 4%, 중과기준세율 2%)

2) 중과세율 적용 제외

대도시 중과 제외 업종에 직접 사용할 목적으로 부동산을 취득하는 경우의 취득세는 중과세율을 적용하지 않습니다.

지방세법 시행령 제26조(대도시 법인 중과세의 예외)

① '대통령령으로 정하는 업종'이란 다음 각 호에 해당하는 업종을 말한다.

10. 개인이 경영하던 제조업으로 대도시에서 '부가가치세법' 또는 '소득세법'에 따른 사업자등록을 하고 5년 이상 제조업을 경영한 개인기업이 그 대도시에서 법인으로 전환하는 경우의 해당 기업
    단, 법인전환에 따라 취득한 부동산의 시가표준액이 법인전환 전의 부동산 가액을 초과하는 경우에 그 초과 부분과 법인으로 전환한 날 이후에 취득한 부동산은 법 제13조 제2항 각 호 외의 부분 본문을 적용한다.

16. '산업집적활성화 및 공장설립에 관한 법률' 제28조에 따른 도시형 공장을 경영하는 사업

28. '도시 및 주거환경정비법' 제35조 또는 '빈집 및 소규모주택 정비에 관한 특례법' 제23조에 따라 설립된 조합이 시행하는 '도시 및 주거환경정비법' 제2조 제2호의 정비사업 또는 '빈집 및 소규모주택 정비에 관한 특례법' 제2조 제1항 제3호의 소규모주택정비사업(2018. 2. 9 개정)〈빈집 및 소규모주택 정비에 관한 특례법 시행령〉

31. '민간임대주택에 관한 특별법' 제5조에 따라 등록을 한 임대사업자 또는 '공공주택 특별법' 제4조에 따라 지정된 공공주택사업자가 경영하는 주택임대사업(2016. 8. 11 단서 삭제)

35. '주택법'에 따른 리모델링 주택 조합이 시행하는 같은 법 제66조 제1항 및 제2항에 따른 리모델링 사업(2021. 12. 31 신설)

• 중과세 대상에서 제외되는 지역

  - 법인의 본점·주 사무소용 부동산에 대한 취득세 중과세 대상 : 과밀억제권역 내 중과세 적용

  - 대도시 내 법인설립, 전입 중과세 대상 : 과밀억제권역에서 산업단지 제외(=대도시)

  - 공장에 대한 취득세 중과세 대상 : 과밀억제권역에서 산업단지·유치지역·공업지역 제외

• 산업단지

구로공단 등과 같은 산업단지는 대도시의 범위에서 제외되므로 산업단지로 이전하거나 산업단지 내에서 법인을 설립하는 것은 중과세 대상이 아닙니다. 또한, 구로공단 등과 같은 산업단지에서 대도시 내의 일반 지역으로 이전하는 것은 비수도권 지역에서 대도시 내로 이전하는 것과 동일하게 법인설립으로 보아 중과세 대상에 포함됩니다.

> 산업단지라 함은 '산업입지 및 개발에 관한 법률' 제6조·제7조·제7조의2 및 제8조에 따라 지정·개발된 국가산업단지, 일반산업단지, 도시첨단산업단지 및 농공단지를 말한다.
> 구체적인 지정현황은 '산업입지정보시스템'에서 온라인으로 확인할 수 있다.

그러나 대도시(과밀억제권역) 외에 본점을 두고 있는 법인이 대도시 내의 부동산을 취득하는 경우에는 모두 중과세율이 적용되는 것이 아니며, 대도시 내로 전입함에 따라 당해 부동산(토지와 건축물)을 법인의 본점, 주사무소, 지점, 분사무소로 사용하는 때에 중과세율이 적용되는 것입니다. 수도권과밀억제권역 내의 부동산 취득 시 계약 전에 취득세 중과기준과 세율 및 중과배제기준을 먼저 이해하시고, 법무사 사무실과 취득세를 계산해 구청의 취득세 담당자와 상담하는 절차가 꼭 필요합니다.

부산(대도시 외)에 소재하는 법인이 대도시 내의 건물(상가)을 취득해서 임대하는 경우로, 인적, 물적 설비를 갖춘 지점을 설치하지 않고, 임대 관련 일체 업무를 부산 본점에서 수행하는 경우 취득세를 중과하지 않습니다. 그러나 임대용 건물에 인적, 물적 설비를 갖춘 지점이 설치되어 취득세를 중과하는 경우, 지점용으로 사용하는 부분에 대해서는 지방세법 제11조 제1항의 표준세율의 3배에서 중과기준세율(2%)의 2배를 뺀(-) 세율[즉, (표준세율 4%×3)-(중과기준세율 2%×2)=8%]이 적용됩니다(지방세법 제13조 제2항 제1호 참조). 이 경우 농어촌특별세와 지방교육세(중과)를 포함해서 9.4%(취득세 8%+농어촌특별세 0.2%+지방 교육세 1.2%)의 세율을 적용해서 산출한 세액을 내야 합니다.

또한 인적, 물적 설비를 갖춘 지점 설치(대도시 내 전입) 후 5년 이내에 대도시 내의 부동산을 취득하는 경우에는 그 용도와 관계없이 모두 중과세율을 적용해서 취득세를 과세합니다. 수도권 과밀억제권역 지역에서 법인의 본점을 설립 시에는 취득세 및 등록면허세 등이 중과세 됩니다.

수도권 과밀억제권역   * 수도권정비계획법 시행령 제4조[별표 1]

1 서울특별시 전 지역

2 인천광역시
강화군, 옹진군, 서구(대곡동, 불로동, 마전동, 금곡동, 오류동, 왕길동, 당하동, 원당동), 인천경제자유구역, 인천경제자유구역 해제지역 및 남동 국가산업단지는 제외

3 경기도 14개 지역
의정부시, 구리시, 남양주시, 하남시, 고양시, 수원시, 성남시, 안양시, 부천시 광명시, 과천시, 의왕시, 군포시, 시흥시[반월특수지역(반월특수지역에서 해제된 지역을 포함한다)은 제외]

* 남양주시는 호평동 · 평내동 · 금곡동 · 일패동 · 이패동 · 삼패동 · 가운동 · 수석동 · 지금동 및 도농동만 해당

* 수도권 과밀억제권역의 법인이 주택 취득 시 중과세율의 계산과 중과배제기준

* 수도권 과밀억제권역이란 인구와 산업이 지나치게 집중되거나 집중될 우려가 있어 이전하거나 정비가 필요한 지역

1주의 금액(=액면가액)

1주의 금액은 회사가 판매(=발행)할 주식수를 결정하는 기준이 되는 금액입니다. 예를 들어 부동산 법인은 설립 시 주주들에게 자본금을 5,000만 원을 받고, 그 대가로 주식을 주는데, 그 주식이 한 주에 10,000원이라면 5,000주를 발행해야 합니다. 1주의 금액은 발행(=지급)해야 할 주식수를 결정합니다. 1주의 금액은 100원 이상이고, 균일해야 하며, 대부분의 회사는 1주의 금액을 10,000원 또는 5,000원으로 결정합니다.

자본금 총액[발행(=판매)주식수×액면가액]

❶ 자본금의 개념

자본금이란 주식회사를 설립할 때 투자자(=주주)들이 투자(=출자)하는 금액을 의미합니다. 자본금은 반드시 그 금액만큼 법인이 항상 보유하고 있어야 하는 것은 아니며, 설립 후 사업에 필요한 곳에 지출할 수 있습니다(보증금 지급, 노트북 구입, 차량 구입, 식대, 유류비 등 사업 관련 지출 가능).

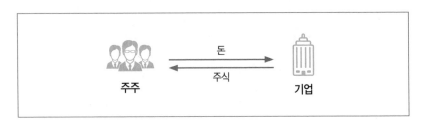

주주의 인적사항

법인설립등기 신청서에는 주주의 이름과 주민등록번호가 기입이 되어야 합니다. 주주의 인적사항은 주주 명부라는 서류에 반영이 되며, 법인설립등기 후 회사정보이용자들에게 필요시 제공됩니다.

회사정보이용자들이란 채권자인 은행이나 세무서 및 지방자치단체가 될 수도 있으며, 그 외 다양한 이해관계자가 될 수도 있습니다.

주주 명부

회사명 : 가람세무법인

주주명	주민등록번호	주식수	금액	지분율
비고	1주당 금액	총주식수	총금액	지분율합계

위 주주 명부는 본사에 비치된 주주 명부와 대조해서 틀림이 없음을 증명합니다.

20   년 월 일

주식회사 가람세무법인

대표자 :　　　　　(인)

주주의 지분비율

주주는 회사의 주인이 됩니다. 다만 지분비율만큼 주인의 권리를 부여하기 때문에 지분비율에 따라 그 권리 행사가 가능하게 됩니다. 주주는 지분비율만큼 회사의 주인이기 때문에 회사가 발생시킨 소득, 즉 돈에 대한 권리도 지분비율만큼 가지고 있습니다. 주주는 배당을 통해서 회사의 돈을 지분비율만큼 찾아올 수 있습니다. 주주의 인적사항은 법인등기부등본에는 나타나지 않습니다(주주 명부에 기재).

임원의 인적사항

임원의 이름과 주민등록번호 등이 법인설립등기 신청서에 기입이 되어야 합니다[대표이사(다른 이사·감사 제외)는 주소까지 신청서에 기입이 되어야 합니다]. 회사에서 일하는 사람을 회사의 임직원이라고 하며, 임원과 직원으로 구분됩니다. 임원은 이사와 감사로 구성이 되며, 이사를 대표하는 자를 대표이사라고 합니다. 사내이사는 1명 이상이 필요합니다(2명 이상인 경우 대표이사를 구분해서 제출). 또한 설립 시 감사(주주 이외인 사람) 1명이 필요합니다.

1 직원 : 급여 수령을 목적으로 근로를 제공하는 자입니다.
2 임원 : 근로제공을 하지만 근로제공목적이 단순 대가수령이 아니라, 지금은 대가를 작게 받더라도 회사의 성과가 커질수록 성과 등에 비례해서 더 많은 대가를 받으려 노력하는 자입니다.

참고로 임원의 인적사항은 법원에서 발급받는 법인등기부등본에 표시가 되기 때문에 정확하게 기입해야 합니다.

부동산 법인설립 시 최초 자본금은 작을수록 좋은가요?

⑤

자본금의 크기는 부동산 법인의 설립 목적이나 설립하는 주주의 성향 및 재산상태에 따라 다르기 때문에 장단점을 파악해서 잘 결정하면 됩니다.

자본금은 작을수록 좋다?

법인의 자본금으로 들어간 돈은 회사 관계자가 누구든 개인적으로 사용 시 법인이 사용한 자에게 빌려준 것으로 장부에 반영됩니다. 이때 빌려간 사람은 매년 법인에 이자를 지급해야 하기 때문에 내 돈 내가 쓰는데 이자를 줘야 한다는 억울한 생각이 들 수 있습니다. 따라서 자본금으로 법인통장에 입금하는 것은 최소화하고, 법인이 부동산 구매 시 돈이 필요할 때마다 빌려주는 형식으로 법인에 입금한다면, 언제든 다시 찾아올 수 있습니다.

또한 자본금이 많을수록 법인설립비용이 증가하므로, 이를 꺼려하는 분들은 자본금을 최소화하는 것이 좋습니다. 자본금이 작으면 작을수록 좋다고 생각하는 분들은 앞에서 살펴봤듯 주당 100원짜리 1주로 법인도 만들 수 있습니다. 이때 자본금은 100원이 됩니다.

자본금은 많을수록 좋다

투자자들은 부동산 투자를 하면서 부채에 대한 효과를 톡톡히 보고 있습니다. 부채를 가정하지 않고서는 부동산 투자의 메리트가 없다는 것이고, 부채가 많으면 많을수록 투자 효과가 커진다는 것입니다.

좁은 의미로 해석하면 부채는 은행이나 금융기관에서 받는 대출을 의미합니다. 넓은 의미로 해석하면 부채는 전세보증금이 있는 집을 그 차액만으로 구입 시 보증금을 의미합니다.

① 채권자가 금융기관인 경우

채권자는 채무자가 제공하는 담보물건의 크기를 대출 판단의 우선적인 기준으로 합니다. 하지만 대출결정이나 연장 시 담보물건의 크기도 중요하지만, 법인의 신용상태를 보고 자신들의 재산인 돈을 맡기는 것에 대한 판단을 하게 됩니다. 채권자의 입장에서 본다면 큰돈을 빌려주는데, 신용이 없는 사람이나 재산이 없는 사람에게 돈을 빌려주는 일은 없을 것입니다.

법인에서 신용의 첫 번째 기준은 자본금입니다. 금융기관은 담보능력이 있는 부동산을 보고 대출을 해줍니다. 하지만 법인이 그 부동산 외에 다른 부채가 있는 경우, 부동산을 담보로 대출을 연장시켜 주지는 않을 것입니다. 이때 필요한 것이 법인의 신용도이며, 자본금이 작은 법인에게는 대출을 회수하려고 시도를 하거나 이자율을 높일 수 있습니다.

② 채권자가 전세 세입자인 경우

법인의 재산이 담보하는 재산 가치가 충분하더라도, 세입자는 본인들의 전세자금을 회수할 수 없을 정도의 신용도를 가진 법인이라는 생각이 든다면, 전세계약을 하지 않을 것이며, 재계약도 하지 않으려고 할 것입니다. 반대로 재산가치가 높고 자본금까지 많은 법인이라면, 오히려 전세 세입자들에게 크게 안심이 되는 정보가 될 수 있습니다.

부동산 법인설립 시 자본금은 얼마가 적정한가요?

"부동산 법인설립 시 필요한 자본금은 많아야 좋나요? 아니면 작아야 좋나요?"

이 질문에 대한 좋은 답은 없습니다. 하지만 적정 기준이 되는 금액은 이야기할 수 있습니다. 지금은 자본금 100원의 법인을 설립할 수 있지만, 과거에는 5,000만 원이 최소 자본금 요건이었습니다. 따라서 많은 법인이 자본금 5,000만 원으로 설립되었고, 지금도 신용도가 굉장히 좋은 회사도 자본금을 조회하면 보통 5,000만 원으로 되어 있습니다.

그런 이유 때문에 회사 채권자들은 자본금 5,000만 원을 기준으로 자본금이 작다, 크다를 판단합니다. 법인설립 시 자본금은 은행에 보관해야 되는 돈으로 상담을 하시는 분들이 있는데, 설립 후 부동산을 구입하는 데 사용해도 되는 돈이므로 큰 부담이 없다면, 회사를 판단하는 채권자들이 거부감을 느낄 수 있는 정도의 금액은 피하는 것이 좋을 듯합니다.

자본금 차이에 따른 설립비용의 차이

법인설립 업무를 법무사 사무실에 의뢰하는 경우 법무사 사무실에 지급하는 비용은 크게 2가지입니다.

❶ 세금과 공과금 및 기타 설립비용

직접 법인설립 업무를 하더라도 발생하는 비용으로 세금과 공과금 및 기타 설립비용이 있습니다.

- 취득세와 등록면허세 지방교육세 등
- 법인인감노상 가격 등

❷ 법무사 수수료

법무사 수수료는 자본금의 크기에 따라 차이가 크게 발생하지 않습니다. 따라서 법무사 수수료가 더 발생하기 때문에 자본금을 작게 시작한다는 것은 잘못된 판단입니다.

[자료 11] 자본금 금액별 법인설립비용 비교

구분	법인설립비용						법무사 수수료
	수도권 과밀억제권역 외의 지역			수도권 과밀억제권			
자본금	1,000만 원	5,000만 원	1억 원	1,000만 원	5,000만 원	1억 원	500,000원 법무사마다 차이 존재 가능
등록면허세	112,500원	200,000원	400,000원	337,500원	600,000원	1,200,000원	
지방교육세	22,500원	40,000원	80,000원	67,500원	120,000원	240,000원	법인도장과 기타비용 포함
합계	135,000원	240,000원	480,000원	405,000원	720,000원	1,440,000원	

[자료 12] 자본금 5,000만 원의 경우 법인설립 비용 및 법무사 비용(법무사에 따라 다를 수 있음)

진행번호   호

견 적 서

설립   귀하   연 락 처 :

사건명	주식회사 설립등기	선순위 말소 조건	여( ), 부(0)
내용	설립	사업자번호	
		과세표준액	금 50,000,000 원
		시가표준(설정액)	금 원

보수액		공과금	
적요	금액	적요	금액
보수액	260,000	취득(등록면허세)세	200,000
공증대행료	0	지방교육세	40,000
취득세 대행료	30,000	농어촌 특별세	0
임원추가(명)	0	교통비(출장비)	20,000
정관	50,000	등기 신청 수수료	25,000
주주총회의사록	30,000	공증료	0
이사회의사록	0	법인도장(1개)	30,000
제반 서류 발급비	20,000	부가세	39,000
		소계	354,000
소계	390,000	총계	744,000

주주의 수는 많을수록 좋나요? 아니면 1인 주주가 좋나요?

법인설립 시 주주 1명으로도 법인설립이 가능한데, 이를 1인 법인이라고 합니다. 1인 법인, 즉 1인 주주는 자본금의 100%를 납입한 사람을 의미하며, 그 결과 회사의 100% 주인이 됩니다.

주주의 수는 많으면 좋은 것인가요?

　주주의 수는 많으면 많을수록 분산 효과가 커지므로 세금 측면에서는 절세가 가능합니다. 하지만 다른 주주들과 주식 보유비율만큼 동업을 하는 것과 동일한 개념이므로, 가족 외에 다른 주주를 포함시켜서 설립하는 것은 추천하지 않습니다. 과거에는 주식회사를 설립하려면 주주가 7명이 필요할 때도 있었습니다. 주식회사를 설립하려면 7명이 필요했기 때문에 친구나 친척의 이름을 빌려서 주주 명부에 기재해서 법인을 만들었습니다.

　주주는 주식 보유비율만큼 회사 재산의 주인이 되기 때문에 그때 이름을 빌려준 사람들이 지금에 와서는 본인의 재산으로 법인이 설립되었다는 주장과 함께 배당을 요구하는 등, 회사 재산에 대해 재산권을 행사하려 하고 있습니다. 따라서 주주의 수가 많으면 좋다는 것 때문에 또는 과점주주가 되면 안 좋다는 잘못된 컨설팅 때문에 절대로 주주 명부에 다른 사람의 이름을 넣으면 안 됩니다.

> 과거 주주 인원수 요건이 7명에서 5명으로 줄었다가 3명에서 다시 1명으로 완화되어서 현재는 주주 1명으로도 주식회사 설립이 가능합니다.

주주의 수는 적으면 좋은 건가요?

　주주는 회사의 주인으로 주식 보유비율만큼 회사 재산이나 소득의 주인이 됩니다. 회사가 발생시킨 소득이 쌓이고 쌓여서 재산이 되고,

이 재산을 찾아올 때 세금이 발생됩니다. 이때 1명이 찾아오는 것보다 2명이 찾아오는 것이 세금이 절세가 되고, 2명보다 4명이 절세 효과가 큽니다.

또한, 1인 주주인 경우 그 주주의 사망 시 회사 재산 전체가 사망한 사람의 상속재산에 포함되어 상속세가 어마어마하게 발생할 수 있습니다. 이 때문에 재산이 증가되기 전에 가족들에게 주식을 나누어 놓는 것은 상속세를 줄일 수 있는 좋은 준비가 될 수 있습니다.

주주 구성은 어떻게 하는 것이 좋은가요?

부동산 법인설립 시 최초 주주의 구성은 상속이 발생할 경우 재산을 나누어 가져갈 사람들로 주식을 분산해서 주주 명부를 구성하는 것이 좋습니다. 절세의 제1원칙이 재산의 분산임을 감안한다면, 1인 주주는 적절하지 않습니다.

법인설립 시점부터 전문가와 상의해서 주주비율을 분산하는 것이 좋습니다. 주식 보유비율을 가족끼리 나누어 가진 다음, 부동산 임대소득이나 매매소득을 발생시킨다면 그 소득은 법인 안에 있지만, 그 안에서 주식 보유비율만큼 각자의 공간으로 나누어 보관이 되기 때문에 상속세 및 증여세 또는 소득세가 크게 절세가 됩니다.

친척이나 친구 등은 이름만 빌려오거나 실제 같이 투자를 하더라도 동업관계가 되기 때문에 이후 복잡한 상황이 많이 발생할 수 있음을 유의해야 합니다.

⑦ 주주와 임원은 다른가요?

　법인을 운영하는 많은 대표들과 상담을 하면서 주주와 임원의 차이에 대해 질문을 하면, "주주와 대표이사는 같은 사람 아닌가요?"라고 대부분 대답을 합니다. 결론적으로 주주와 임원을 구분하지 못하고 있습니다. 이는 대부분의 중소기업의 주주가 대표이사도 같이 하기 때문입니다.

　주식회사는 소유(=주주)와 경영(=임원)이 구분되어 있기 때문에 법인설립 신청시 주주와 대표이사의 인적사항을 각각 작성해서 신고합니다. 대표이사를 주주가 아닌 사람으로 선임하는 것을 '소유와 경영이 분리되었다'라고 표현하며, 이때 대표이사를 '전문 경영인'이라고 합니다.

전문 경영인(專門經營人)

기업의 소유자가 아닌 사람이 경영 관리에 관한 전문적 기능의 행사를 기대 받아서 경영자의 지위에 있는 사람

　주주는 회사의 주인이고, 대표이사나 그 외 임원은 회사의 근로자입니다. 따라서 주주와 임원은 하는 일도 다르며, 소득의 발생 원인도 다른 것이 맞습니다.

대표이사도 근로자인가요?

근로기준법상 대표이사는 근로자가 아니지만, 그것은 근로기준법 적용 시의 이야기이고, 대표이사를 포함한 이사와 감사도 회사에 근로를 제공하고, 대가로 돈을 받아가는 사람입니다.

주주 또한 회사의 돈을 받아가는 사람이지만, 근로를 제공하고 돈을 받아가지는 않습니다. 쉽게 이해하려면 마님과 돌쇠가 있는데, 돌쇠는 근로를 제공하고 돈을 받아갑니다. 하지만 마님은 일을 하지 않고, 돌쇠가 벌어들인 수익에서 돌쇠의 인건비와 그 외 경비를 차감하고 남은 돈을 가져갑니다.

임원

급여의 주인(법인 입장에서는 비용의 구성 항목)입니다.

수익
－ 비용
─────
＝ 소득 　　← 임원 재산(경영자)

주주

수익에서 비용(급여 포함) 지급 후 남은 소득의 주인입니다.

수익
－ 비용
─────
＝ 소득 　　← 주주 재산 : 소유자

미성년자인 자녀가 법인을 소유할 수 있나요?

"미성년자도 법인을 할 수 있나요?"

이 질문은 정확한 답이 가능한 질문은 아닙니다. "미성년자인데 법인을 소유할 수 있나요?"라는 질문이나 "미성년자인데 법인을 경영할 수 있나요?"라는 질문을 해야 정확한 답변을 할 수 있습니다.

미성년자인 자녀도 법인을 소유할 수 있나요?

주식회사는 소유와 경영이 분리되어 있습니다. 미성년자인 자녀가 법인을 경영할 수는 없을 수 있으나 소유를 못할 이유는 없습니다. 미성년자의 경우 법정대리인의 동의가 있다면 법인설립이 가능합니다. 법인설립이 가능하다는 뜻은 법인의 주주가 될 수 있다는 의미입니다.

미성년자가 주주로서 권리 행사를 할 때마다 법정대리인의 동의와 이를 증명하는 서류가 필요하므로 많이 귀찮을 수 있습니다. 하지만 많은 사람이 법인의 주식을 나누어 가질수록 소득세의 절세 효과는 커지며, 재산이 많은 부모보다 재산이 적은 자녀에게 주식이 많이 분배가 될수록 상속세나 증여세 절세 효과가 커지는 만큼 귀찮은 것은 감수해야 하지 않을까요?

미성년자인 자녀도 법인을 경영할 수 있나요?

법적으로는 가능할 수 있으나 현실적인 답변은 불가능하다고 보면 됩니다. 그 이유는 경영은 실제 일을 하는 사람을 의미하는데, 미성년 자는 보통 학생이기 때문에 법인에서 일을 한다는 것은 현실적으로 어렵다고 해야 하지 않을까요?

❶ 미성년 자녀의 주식 취득자금 증명, 이렇게 준비하세요

주주가 모두 가족일 경우 투자(출자) 금액의 실제성에 문제가 발생할 수 있습니다.

- 법인 자본금 : 1억 원
- 주주 : 아버지(30%), 어머니(20%), 아들(50%)

아들은 5,000만 원을 출자했기 때문에 50%의 주주가 되었습니다. 법인설립 신청 시 잔액증명서를 아버지 이름으로 1억 원을 발급받았다 면, 아들이 아버지 통장에 5,000만 원을 입금하고, 어머니가 아버지 통 장에 2,000만 원을 입금 후 잔액증명서를 발급받아야 합니다.

이때 아들의 출자 내역이 금융거래상 확인이 되지 않는다면, 이는 아 버지가 법인설립 시 아들의 이름을 빌려서 주주를 만들었다는 결론으 로 해석될 수 있습니다. 명의대여나 증여세 등의 많은 문제가 발생할 수 있으므로, 반드시 아들은 아버지 통장으로 5,000만 원을 입금하고, 어머니도 아버지 통장으로 2,000만 원을 입금해야 추후 분쟁의 여지가 발생하지 않습니다.

아들이 돈이 없다면 부모로부터 증여받는 것도(증여세 신고 필) 하나의 방법입니다. 미성년자가 아닌 자녀가 부모에게 증여받은 금액은 10년, 누적합산 5,000만 원까지 증여세가 발생하지 않습니다.

 ## 공무원인데 부동산 법인을 할 수 있나요?

"공무원인데 법인을 할 수 있나요?"라는 질문도 늘 많이 받는 질문입니다. 하지만 앞서 검토했듯 정확한 질문이 아니고, 정답도 가능한 질문은 아닙니다. "공무원입니다. 부동산 법인을 만들 수 있나요?" 또는 "공무원인데 부동산 법인을 소유할 수 있나요?"라고 하거나 "공무원인데 부동산 법인을 경영할 수 있나요?"라는 질문을 해야 정확한 답변을 할 수 있습니다.

공무원이 법인을 설립할 수(=만들 수) 있나요?

국가공무원 복무 규정에 '공무원은 발기인(=법인설립자)의 업무에 종사할 수 없다'라는 문구가 있으므로 직접 설립은 할 수 없습니다.

공무원이 법인경영을 할 수 있나요?

국가 공무원법 제64조 영리업무 및 겸직금지조항에 의해 법인경영을 할 수 없습니다.

공무원이 법인을 소유할 수 있나요?

공무원은 최초 법인설립 시 주식을 취득할 수는 없으나(=발기설립), 설립 후 주식의 취득으로 법인을 소유할 수 있습니다(단, 최초 법인의 설립이 모집설립에 의할 경우 발기인으로 참여하지 않으면 가능).

국가공무원법 제64조(영리 업무 및 겸직 금지)

1 공무원은 공무 외에 영리를 목적으로 하는 업무에 종사하지 못하며, 소속 기관장의 허가 없이 다른 직무를 겸할 수 없다.

2 제1항에 따른 영리를 목적으로 하는 업무의 한계는 대통령령 등으로 정한다.

국가공무원 복무규정

[시행 2022. 1. 13] [대통령령 제32175호 2021. 11. 30, 타 법 개정]

제25조(영리 업무의 금지)

공무원은 다음 각 호의 어느 하나에 해당하는 업무에 종사함으로써 공무원의 직무 능률을 떨어뜨리거나, 공무에 대해 부당한 영향을 끼치거나, 국가의 이익과 상반되는 이익을 취득하거나, 정부에 불명예스러운 영향을 끼칠 우려가 있는 경우에는 그 업무에 종사할 수 없다.

1. 공무원이 상업, 공업, 금융업 또는 그 밖의 영리적인 업무를 스스로 경영해 영리를 추구함이 뚜렷한 업무.
2. 공무원이 상업, 공업, 금융업 또는 그 밖에 영리를 목적으로 하는 사기업체의 이사·감사 업무를 집행하는 무한책임사원·지배인·발기인 또는 그 밖의 임원이 되는 것.

3. 공무원 본인의 직무와 관련 있는 타인의 기업에 대한 투자.
4. 그 밖에 계속적으로 재산상 이득을 목적으로 하는 업무.

발기인(=주식회사의 설립행위자)

발기인은 회사의 설립행위를 하는 사람입니다. 회사의 설립행위를 목적으로 하는 발기인조합을 조직하고, 이 목적을 달성하기 위해서 설립행위를 합니다. 이 조합은 회사가 성립되면 목적을 달성하고 해산됩니다.

발기인은 1주 이상의 주식을 인수해야 하며, 인수를 통해 주주가 되어 법인을 소유하게 됩니다. 법인설립 시의 주식 전부를 발기인이 인수하면, '발기설립'이라고 하고, 일부를 인수 후 나머지를 모집하는 경우 '모집설립'이라고 합니다.

법인설립등기 신청서를 법원에 제출 시 다른 준비할 것은 없나요?

법인설립등기 신청을 할 때는 작성된 법인설립등기 신청서와 몇 가지 첨부서류를 첨부해서 법원에 제출해야 합니다.

법무사 사무실에 의뢰해서 법인설립 신청을 하는 경우

법무사 사무실에 의뢰하는 경우, 복잡한 서류들은 법무사 사무실에서 준비합니다. 하지만 신청하는 사람의 개인정보를 확인 및 검정하는 서류들은 의뢰인이 직접 준비를 해야 하는데, 직접 준비해야 할 첨부서류는 어떤 것들이 있는지 알아보도록 하겠습니다.

① 임원 및 주주

- 인감증명서 각 2통(임원 겸 주주의 경우 최대 2통이 필요)
- 주민등록등본 각 1통
- 인감도장

② 법인인감도장

- 법인인감도장은 법무사 사무실에 의뢰 시 만들어 줍니다.
- 직접 만들 경우에는 도장 만드는 곳을 찾아야 합니다. 급하면 잘 찾기 어렵습니다. 가장 가까운 대형마트에 가면 도장 만드는 곳이 있습니다. 미리 전화해보고 가면 두 번 걸음 안 해도 될 듯 합니다.

③ 금융기관 잔액증명서

- 은행명이 표기되어야 합니다.
- 잔액증명서 발급 시 당일 계좌에 있는 돈은 출금이 불가능합니다. 즉 잔액증명서 발급기준일의 최종 잔액을 변동시킬 수 없기 때문에 각종 자동이체 처리와 입금·출금 등의 거래가 제한되니, 급히 돈을 출금할 상황을 가정해서 필요한 잔액을 제외한 여유자금을 다른 통장에 옮겨 놓는 것도 좋은 방법입니다.
- 다음 날 출금을 하더라도 잔액증명서의 효력에는 영향이 없습니다. 다음 날 출금을 해서 잔고가 없더라도 증명서는 2주 정도까지 인정합니다.

잔액증명서를 발급받으려면 어떻게 해야 하나요?

① 영업점 방문 발급

- 본인 발급

  - 개인 : 신분증

  - 법인 : 대표자 신분증

    사업자등록증 또는 사업자등록증명원

    등기사항전부증명서(법인등기부등본)

- 대리인 발급

  - 개인 : 대리인 신분증

  - 위임관계 확인 서류(다음 중 하나)

    • 예금주 인감증명서 + 인감도장이 날인된 위임장

    • 예금주 본인서명 사실 확인서 + 서명이 기재된 위임장

    ※ 영업점에 따라 본인발급 인감증명서를 요청할 수 있으니

    영업점에 확인 후 방문하시기 바랍니다.

  - 법인 : 대리인 신분증

    사업자등록증 또는 사업자등록증명원

    등기사항전부 증명서(법인등기부등본)

    법인인감증명서+법인인감 날인된 위임장

※ 유의사항

- 법인의 경우 구비서류에 간소화 문의는 방문하실 영업점과 사전 협의 후 방문 부탁드립니다.

- 잔액증명서 발급 시 발급일 기준 당일 잔액 변동이 불가로, 인

출 및 자동이체(공과금, 카드 자동납부 등)가 처리되지 않으므로, 이
점을 감안해서 신청바랍니다.

• 가까운 은행으로 방문하면 발급 가능합니다.

❷ 인터넷뱅킹을 통한 발급

• 이용시간 : 평일 08 : 00 ~ 22 : 00(은행별로 차이 있을 수 있음)

• 대상 : 국문 예금 잔액증명서

• 발급 기준일 : 발행일 전일(주말 포함) ~ 5년 이내(전일 기준으로 발급됨)

• 발급 수수료 : 장당 500원(수수료 면제기준은 창구와 동일)

 – 잔액증명서와 발급 계좌와 수수료 출금계좌는 같은 계열이어
    야 함.

 ※ 인터넷뱅킹 이용경로

    – 개인 : 개인뱅킹〉증명서〉예금잔액증명서

    – 기업 : 기업뱅킹〉기업인터넷뱅킹〉조회〉증명서조회〉예금잔
       액증명서

 ※ 유의사항

    • 인터넷뱅킹을 통해 발급 시 전일 기준 발급되므로 거래 제
       한 사항이 없습니다.

잔액증명서

다음 잔액증명서는 농협중앙회 잔액증명서 양식입니다.

예금(신탁·환매채) 잔액증명서

발급관리번호 :

발 행 일 :   년 03월 28일   귀하

예금종류	계좌번호	잔 액(원)	미결제타점권(원)	관련대출 · 질권(천원)
		압류관련사항	최근 질권해제이력(1개월)	비 고
저축예금	302-	0	0	0
		해당없음	해당없음	
합 계		0	0	0

   년 03월 27일 현재 고객님 명의의 예금(신탁·환매채) 잔액을 위와 같이 증명합니다.

잔액합계 :

법인설립등기 신청 업무, 혼자서도 가능할까요?

나 홀로 법인설립등기 신청 업무의 진행

물론 혼자서도 법인설립등기절차 및 사업자등록 신청이 가능합니다. 하지만 법인설립등기를 법무사 사무실에 의뢰하지 않고, 직접 하는 것은 많은 시간과 비용이 발생할 수 있으며, 또 많은 시행착오를 겪을 수 있습니다.

하지만 공부를 위해 직접 만들어 보거나, 앞으로 많은 법인을 만들 계획이라면 직접 하는 것도 나쁘지 않습니다. 물론 이때도 법무사나 다른 전문가에게 조언을 구할 경우가 발생할 수 있습니다.

법인설립등기 신청서 기재요령

법인설립등기 신청서는 한글과 아라비아 숫자로 기재해야 합니다. 다만 상호 또는 외국인 성명은 한글과 아라비아숫자로 기재 후, 로마자·한자·아라비아숫자 및 일정한 부호를 사용해서 영문 표기나 한자 표기를 병기할 수 있습니다.

신청서 기재사항 공간 부족 시 별지 사용이 가능(신청서와 별지는 간인해야 함)합니다.

❶ 등기의 목적

주식회사 설립(발기설립)으로 기재합니다.

❷ 등기의 사유

등기를 신청하는 이유를 기재합니다.

정관 작성 후 공증인의 인증을 받아 발기인이 회사 설립 시 발행하는 주식의 전부를 인수하고, 20○○년 ○○월 ○○일 발기인회에서 상법 제298조의 절차를 종료했으므로, 다음 사항의 등기를 구함으로 기재합니다.

자본금 총액이 10억 원 미만인 소규모 회사의 경우 공증인의 인증은 면제합니다.

❸ 본/지점 신청 구분

등기 신청을 본점에서 신청하는지, 지점에서 하는지, 또는 본점이나 지점등기를 본점에서 일괄 신청하는지 여부를 표시하는 항목입니다. 회사설립과 동시에 본점과 다른 관할의 지점을 설치 시 본점 관할 등기소에서 설립등기와 지점설치등기를 일괄해서 동시에 신청하는 경우, 본·지점 일괄 신청임을 표시합니다(지점에 지배인이 선임된 경우 지배인 등기는 일괄 신청이 불가하고, 지점 관할 등기소에서 별도로 신청해야 함).

❹ 상호

정관에 기재된 상호를 기재해야 합니다. '주식회사'라는 문구를 반드시 사용해야 하며, 등기부상 로마자 등의 표기를 병기할 경우는 상호 오른쪽에 괄호를 사용해서 병기가 가능합니다. 병기되는 로마자 등의 표기는 반드시 정관에 기재되어 있어야 합니다.

❺ 본점

이사회에서 결의한 본점 소재지를 기재합니다. 정관은 본점 소재지를 최소 행정구역으로 표시하면 문제없지만, 신청서에는 소재 지번까지 정확히 기재해야 합니다.

❻ 공고방법

정관에 기재된 공고방법을 기재합니다(관보나 시사에 관한 사항을 게재하는 일간신문).

❼ 1주의 금액

정관에 기재된 1주의 금액을 기재합니다. 1주의 금액은 100원 이상이

어야 하고, 균일해야 합니다(무액면 주식으로 발행한 경우 무액면 주식 문구 기재).

⑧ 발행할 주식의 총수

정관에 기재된 발행할 주식의 총수를 기재합니다.

⑨ 발행주식의 총수와 그 종류 및 각각의 수

정관에 설립 시 발행하는 주식의 총수와 그 종류 및 각각의 수를 기재합니다.

⑩ 자본금총액

회사 설립 시 발행(=판매)하는 주식 총수×액면가액입니다.

⑪ 목적

정관에 규정된 목적을 기재합니다.

⑫ 이사·감사의 성명 및 주민등록번호

이사의 수는 3인 이상이어야 합니다. 단, 자본금 총액이 10억 원 미만인 소규모 회사에서는 1명(또는 2명)도 가능하며, 감사를 선임하지 않을 수 있습니다.

⑬ 대표이사의 성명, 주민등록번호 및 주소

회사를 대표할 이사의 성명, 주민등록번호 및 주소를 기재합니다.

⑭ 종류주식의 내용

정관의 규정에 따라 이익의 배당, 잔여재산의 분배, 주주총회에서 의결권의 행사, 상환 및 전환 등에 관해서 내용이 다른 종류주식을 발행한 경우 그 내용을 기재합니다.

⑮ 지점

이사회에서 지점 설치를 결의했을 때 기재합니다. 본점과 동일하게 소재 지번까지 기재해야 합니다. 설립등기 시 본·지점 일괄 신청을 하지 않았을 경우, 설립등기 후 2주 이내에 지점 소재지 관할등기소에 지점 설치 등기 신청을 해야 합니다.

⑯ 존립기간 또는 해산사유(정관의 상대적 기재사항)

정관으로 회사의 존립기간이나 해산사유를 정했을 때 기재합니다.

⑰ 기타

정관에 주식의 양도에 관해서 이사회의 승인을 얻도록 정한 때, 주식매수선택권을 부여하도록 정한 때에는 그 규정, 명의개서대리인을 둔 경우, 그 상호와 본점 소재지 등이 이에 해당됩니다.

⑱ 신청 등기소는 신청하는 등기소별로 기재해야 합니다

- 등록면허세 : 과세표준액의 4/1000
- 지방교육세 : 등록면허세의 20/100(대도시 내에서 설립하는 경우에는 당해 세율의 3배의 등록면허 납부)

설립과 동시에 지점을 설치해서 본·지점 일괄 신청을 하는 경우 지점등기 신청과 관련된 별도의 등록면허세·수수료를 납부해야 합니다.

⑲ 과세표준액
설립 시 발생하는 주식의 액면가액인 자본금의 총액입니다.

⑳ 첨부서면
등기 신청서에 첨부하는 서면을 기재해야 합니다.

법인설립 업무를 직접 하는 경우 법인설립 신청서 외 추가 필요서류

법인설립 업무는 법무사 사무실에 의뢰하지 않고, 직접 할 수 있습니다. 법인설립 신청서 외의 다음 복잡한 서류들은 법무사 사무실에서 작성해주지 않기 때문에 직접 만들어 법인설립등기 신청서에 첨부해야 합니다.

- 정관
- 주식의 인수를 증명하는 서면
- 주식발행사항 동의서
- 발기인회 의사록
- 이사회 의사록
- 주금납입보관증명서
- 이사·감사의 조사보고서
- 변태설립사항에 관한 검사인의 조사보고서
- 취임승낙서

- 주민등록표 등(초)본
- 인감신고서
- 등록면허세 영수필확인서
- 위임장
- 기타

법인설립등기 완료 시 받아야 할 서류는 어떤 것이 있나요?

법인의 설립등기가 완료가 되면, 과거 개인이름으로 계약을 하던 것을 법인이름으로 다시 계약을 해야 합니다. 개인이 계약을 할 경우 신분증 하나만으로 계약이 가능했으나, 법인계약은 법인 대리인의 자격으로 상대방과 계약을 하기 때문에 필요한 서류가 많이 있습니다.

법인설립 후 해야 할 사항

법인설립 후 바로 다음과 같은 업무가 진행이 되어야 합니다. 그렇기 때문에 반드시 법인설립등기 후 항상 준비를 해야 할 서류들이 있습니다.

1 사업자등록 신청
2 은행계좌 개설 및 공인인증서 발급
3 법인카드의 발급
4 인터넷과 휴대폰이나 자동차 등의 명의 이전

법인설립등기 후 항상 준비해야 할 서류의 종류

1 법인인감도장 및 인감증명서
2 법인보안카드
3 정관
4 법인등기부등본
5 주주 명부
6 대표이사 신분증(= 계약서 작성자)

법인 관련 서류의 종류 및 준비

① 법인인감도장 및 인감증명서

개인도 부동산 계약·차량이전 등을 하려면, 인감도장이나 인감증명서가 필요합니다. 법인도 개인과 같은 인격체이고, 계약의 당사자이기 때문에 인감도장과 인감증명서를 항상 보유하고 있어야 합니다. 법인인감증명서는 법인보안카드를 가지고 법원 또는 등기소에서 발급받을 수 있습니다.

법인인감증명서는 은행 등 금융기관 기준, 발급일로부터 1개월까지 사용할 수 있습니다. 그렇기 때문에 한 번에 너무 많이 발급받으면 사용하지도 못하고, 돈만 낭비할 수 있습니다.

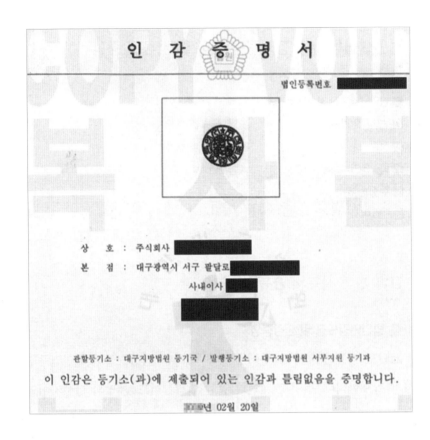

❷ 법인인감카드

개인도 은행업무를 할 때 인터넷뱅킹을 위해 보안카드라는 것을 사용합니다. 법인도 법원업무를 할 때 인감증명서 발급을 위해 인감카드라는 것을 사용합니다.

❸ 정관

형식적 의미의 정관은 회사 근본규칙을 기재한 서류를 말합니다. 실질적 의미의 정관은 회사의 조직과 운영에 관한 근본규칙을 나타내는 서류를 뜻합니다.

퇴직금으로 알아보는 정관의 효력

회사에 근로를 제공하고 그 대가로 급여를 받는 사람을 근로자라고 하며, 근로자는 크게 임원과 직원으로 구분됩니다.

직원은 회사 퇴직금 지급규정이 없더라도 근로기준법에 의해 퇴직금을 보장받습니다. 하지만 임원은 근로기준법의 보호를 받지 못하기 때문에 퇴직금 규정이 없으면, 퇴직금을 받을 수 없습니다.

그러면 어디에 임원 퇴직금 규정을 두어야 퇴직금을 보장받을 수 있을까요? 바로 정관입니다. 정관이 회사의 조직과 운영에 관한 근본규칙을 나타내고 있기 때문입니다.

❹ 법인등기부등본

등기란 국가기관이 법정 절차에 따라 등기부에 법인에 관한 일정한 내용을 적는 것을 말합니다. 등본이란 문서의 원본 내용을 동일한 문자·부호로써 전부 완전하게 복사한 서면으로 원본의 내용을 증명하기 위해서 작성되는 서류를 뜻합니다.

법인등기부등본이란 법인의 등기와 관련된 원본을 등사해서 작성한 문서입니다.

등기사항전부증명서(현재 유효사항)

등기번호	07	
등록번호	17	6

상 호	주식회사 세	
본 점	대구광역시 동구	

공고방법	대구광역시 내에서 발행하는 일간 매일신문에 게재한다.

1주의 금액	금 5,000 원

발행할 주식의 총수	200,000 주

발행주식의 총수와 그 종류 및 각각의 수		자본금의 액	변 경 연 월 일 등 기 연 월 일
발행주식의 총수 보통주식	10,000 주 10,000 주	금 50,000,000 원	

목 적			
1. 경영 컨설팅 1. 주택 신축 판매업 1. 서적 판매업 1. 교육서비스 1. 의류 도·소매업 1. 주택 및 상가 임대업 1. 부동산 매매업			
1. 부동산 개발 및 공급업	<2020	추가 2020	등기>
1. 각 호와 관련된 통신판매업	<2020	추가 2020	등기>
1. 각 호에 부대하는 사업	<2020	추가 2020.	등기>

임원에 관한 사항			
사내이사 보라} 사내이사)	3-******* 대구광역시 수성구 3-******* 대구광역시 수성구		
2020 년 월 일 주소변경		년 03 월 10 일 등기	
사내이사)	3-******* 대구광역시 수성구 달구벌대로		
2020 년 월 일 주소변경	2020 년	월 일 등기	
감사 이			

❺ 주주 명부

주주란 회사의 주인입니다. 은행 등 법인과 거래를 하려고 하는 사람은 회사의 주인이 누구인지 확인을 합니다. 이때 회사의 주인인 주주의 명단을 나타낸 명부를 '주주 명부'라고 합니다.

주주 명부

회사명 : 가람세무법인

주주명	주민등록번호	주식수	금액	지분율
비고	1주당 금액	총주식수	총금액	지분율 합계

위 주주 명부는 본사에 비치된 주주 명부와 대조해서 틀림이 없음을 증명합니다.

20   년 월 일
주식회사 가람세무법인
대표자 :   (인)

6 대표이사 신분증

법인의 근로자는 임원과 직원으로 구분됩니다. 임원은 이사와 감사로 구분되고, 이사를 대표하는 자를 대표이사라 하는데, 대표이사는 회사를 대표하기도 합니다. 법인은 개인처럼 행위능력이 없어서 직접 계약을 할 수 없기 때문에, 회사를 대표하는 대리인인 대표이사를 통해 법인과 외부와의 계약을 합니다.

대표이사는 본인의 계약을 하는 것이 아니라, 법인의 계약을 대신하는 역할을 하기 때문에 신분증 제출을 항상 요구받습니다.

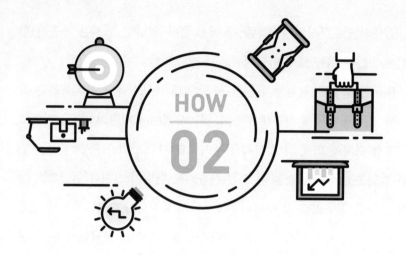

부동산 법인사업자등록은
어떻게 하나요?

부동산 법인은 사업자등록을 꼭 해야 하나요?

질문의 답은 "사업자등록을 꼭 해야 한다"입니다. 법원은 부동산 법인에게 아무 이유 없이 법인격을 부여하지 않습니다.

부동산 법인은 설립등기 신청 시 법인의 존재이유인 목적사항을 반드시 적어서 법원에 신청해야 하며, 영리사업이나 비영리사업을 전제로 엄격한 절차에 의해 그 법인격을 부여받습니다. 사업을 하면서 꼭 필요한 법인통장(카드)을 만들 때 또는 신용카드 단말기 설치나 현금 영수증을 발급할 경우 반드시 사업자등록증이 필요합니다. 또한, 부동산 법인은 주택임대 시 월세를 받으면, 세입자에게 계산서를 발급해야 하고, 상가를 임대할 때는 세금 계산서를 발급해야 하는데, 이때 반드시 사업자등록번호가 필요합니다. 따라서 사업자등록은 반드시 해야 합니다.

부동산 법인이 만들어졌다는 것은 단지 법인격을 부여받아 법인등록번호가 나왔다는 것입니다. 개인으로 비교하면 출생신고 후 주민등록번호를 부여받은 것을 의미합니다. 출생신고를 하고 주민등록번호가 부여되었다고, 반드시 사업을 해야 하는 것은 아닙니다. 회사에 취직을 할 수도 있고, 사업을 할 수도 있습니다. 회사에 취직을 했을 때에는 사업자등록이 필요가 없지만, 사업을 할 때에는 반드시 사업자등록을 해야 합니다.

부동산 법인도 마찬가지입니다. 하지만 우리가 부동산 법인을 만든다는 것은 부동산 임대나 부동산 매매를 사업목적으로 하는 것이기 때문에 반드시 사업자등록을 해야 합니다.

사업자등록 신청 방법

❶ 홈택스에서 직접 사업자등록을 신청하는 방법

국세청에서 운영하는 사이트가 홈택스입니다. 홈택스를 통해 투자자 본인이 할 수 있다면 직접 신청이 가능합니다.

❷ 가까운 세무서에 가서 직접 사업자등록을 신청하는 방법

법인설립등기는 반드시 담당 관할 등기소에서 접수를 해야 합니다. 예를 들어서 구미에서 부동산 법인을 만들려고 하면, 구미법원 관할 등기소에서만 설립등기 신청이 접수가 됩니다. 하지만 세무서는 가까운 세무서에 방문해도 접수 및 처리가 가능합니다.

❸ 세무사 등 전문가의 도움을 받아 사업자등록을 신청하는 방법

사업자등록 신청은 세무사에 의뢰를 해도 가능합니다. 사업자등록 이후 부동산 법인은 매년 법인의 수익과 비용을 정리해서 세금을 계산해서 신고해야 하고, 재산상태의 변동사항을 파악해서 장부에 반영해야 하는데, 사실 혼자 힘으로 불가능합니다. 따라서 세무 업무를 세무사를 통해 의뢰를 하는 것이 오히려 부동산의 입지분석이나 권리분석 등을 통한 수익창출 활동에 더 집중할 수 있는 방법입니다.

세무사에게 장부작성을 의뢰하면, 그 첫 번째 업무가 사업자등록 신청 업무입니다.

개인의 사업자등록 VS 법인의 사업자등록

개인은 태어나면 출생신고를 합니다. 그리고 사업을 하는 경우에만 세무서에 사업자등록 신청을 합니다. 개인사업자등록번호는 주민등록 번호를 기준으로 사업자등록증에 표기가 되어 발급이 됩니다.

반면 법인은 태어나는 목적이 사업을 위함입니다. 따라서 법인설립 등기를 통해 법에 의해 인격을 부여받으며, 개인의 주민등록번호와 같은 법인등록번호를 부여받습니다.

법인등록번호가 부여되면 관할 세무서에 사업자등록 신청을 할 수 있습니다. 이때 세무서에서는 개인 주민등록번호가 아니라 법인등록번호를 기준으로 사업자등록번호가 부여되고, 사업자등록증이 발급됩니다.

 ## 직접 사업자등록증 신청을 하려고 하면 어떻게 해야 하나요?

부동산 법인의 설립도 직접 할 수 있듯 사업자등록 신청도 직접 할 수 있습니다. 사업자등록증 신청서를 작성할 때 필요한 서류들과 관련 서류 작성 시 필요한 내용들을 자세하게 알아보도록 하겠습니다.

1 사업자등록 신청서 작성하기

2 사업자등록 신청서 제출 시 필요한 첨부서류 준비하기

3 주주 명부 첨부(주주가 가족관계이면 관계까지 적어야 합니다)

4 법인등기부등본 첨부

5 법인인감증명서 첨부

6 정관 첨부

7 사업허가증사본 첨부(법령에 의한 허가사업의 경우)

8 대표이사 신분증 첨부

사업자등록 신청서 작성하기

법인이 사업자등록을 하기 위해서는 사업자등록 신청서를 작성해서 관할 세무서에 제출해야 합니다. 이때 관할 세무서가 아니더라도 가까운 세무서 민원실에 방문하면, 관할세무서에 방문한 것과 같이 사업자등록증 발급 서비스를 받을 수 있습니다(법인설립 신청은 세무서가 아닌, 관할 법원등기소에서 하기 때문에 관할이 아닌 다른 관할로 가면 신청서 접수가 안 됨에 유의).

사업자등록 신청서 제출 시 필요한 첨부서류 준비하기

사업자등록 신청 시 사업자등록 신청서 이외에 다음과 같은 서류가 필요합니다.

① 임대차계약서의 필요성과 임대차계약서 작성 시 유의사항

법인설립등기 신청서를 작성할 때에는 본점 소재지를 기입해야 합니다. 하지만 법인설립등기 신청서를 법원에 제출할 때에는 임대차계약서가 첨부되지 않습니다. 최초 임대차계약서 작성 시에는 법인설립등기 신청 이전이므로, 아직 법인등록번호가 없습니다. 따라서 임대차계약서에는 대표이사이름이나 주주이름으로 작성이 될 수밖에 없기 때문에 법인이름으로 계약을 할 수 없습니다. 그래서 법인설립등기 신청 시에는 임대차계약서가 포함되어 있지 않습니다.

하지만 사업자등록 신청 시에는 법인이 설립되어 법인등록번호가 부여되어 있기 때문에 임대차계약서를 법인등록번호로 다시 작성해서 세무서에 제출해야 합니다. 법인사무실을 임차해서 사용할 계획이라면, 반드시 임대인에게 충분한 설명을 하고,법인등록번호가 부여되면 법인이름으로 계약서를 다시 작성해야 한다는 사실을 먼저 이야기하고 계약을 해야 합니다. 그렇지 않으면 계약서가 법인이름으로 표시가 되지 않아 사업자등록증이 발급되지 않을 수 있습니다.

법인설립신고 및 사업자등록 신청서 양식과 임대차계약서 양식

① 법인설립신고 및 사업자등록 신청서 양식

홈택스(www.hometax.go.kr)에서도 신고할 수 있습니다.

(앞쪽)

접수번호	[ ] 법인설립신고 및 사업자등록 신청서 [ ] 국내사업장설치신고서(외국법인) [ ] 법인설립신고 및 사업자등록 신청서	처리기간
		3일 (보정기간은 불산입)

귀 법인의 사업자등록 신청서상의 내용은 사업내용을 정확하게 파악해서 근거과세의 실현 및 사업자등록 관리업무의 효율화를 위한 자료로 활용됩니다. 아래의 사항에 대해서 사실대로 작성하시기 바라며 신청서에 서명 또는 인감(직인) 날인하시기 바랍니다.

1. 인적사항

법인명(단체명)		승인법인고유번호 (폐업당시 사업자등록번호)	
대표자		주민등록번호	–
사업장(단체)소재지		층 호	
전화번호	(사업장)	(휴대전화)	

2. 법인현황

법인등록번호		–		자본금		원	사업연도	월 일 ~ 월 일

법인성격 (해당란에 ○표)

내국법인						외국법인			지점(내국법인의 경우)		분할신설법인		
영리 일반	영리 외투	비영리	국가 지방 자치	법인으로 보는 단체		지점 (국내사업장)	연락 사무소	기타	여	부	본점 사업자 등록번호	분할 전 사업자 등록번호	분할 연월일
				승인 법인	기타								

조합법인 해당 여부		사업자 단위 과세 여부		공익법인					외국 ·	국적	투자 비율
여	부	여	부	해당여부	사업유형	주무부처명	출연자산여부		외투 법인		
				여 부			여 부				

3. 외국법인 내용 및 관리책임자(외국법인에 한함)

본점	외국법인 내용				
	상호	대표자	설치년월일	소재지	

	관리 책임자			
성 명 (상 호)	주민등록번호 (사업자등록번호)	주소 (사업장소재지)	전화번호	

4. 사업장현황

사업의 종류							사업(수익사업) 개시일
주 업태	주 종목	주 업종코드	부업태	부종목	부업종코드		
							년 월 일

사이버몰 명칭		사이버몰 도메인	

사업장 구분 및 면적				도면첨부		사업장을 빌려준 사람(임대인)			
자가	타가	여	부	성명(법인명)	사업자등록번호	주민(법인)등록번호	전화번호
㎡	㎡						

임대차 계약기간	(전세)보증금	월세(부가세 포함)
20 . . . ~ 20 . . .	원	원

개별소비세				주류면허		부가가치세 과세사업		인·허가 사업 여부			
제조	판매	장소	유흥	면허번호	면허신청	여	부	신고	등록	인·허가	기타
					여 부						

설립등기일 현재 기본 재무상황 등						
자산 계	유동자산	비유동자산	부채 계	유동부채	비유동부채	종업원수
천 원	천 원	천 원	천 원	천 원	천 원	명

전자우편주소		국세청이 제공하는 국세정보 수신동의 여부	[ ] 문자(SMS) 수신에 동의함(선택) [ ] 이메일 수신에 동의함(선택)

210mm×297mm[백상지 80g/㎡ 또는 중질지 80g/㎡]

5. 사업자등록 신청 및 사업 시 유의사항(아래 사항을 반드시 읽고 확인하시기 바랍니다)

가. 사업자등록상에 자신의 명의를 빌려주는 경우 해당 법인에게 부과되는 각종 세금과 과세자료에 대해서 소명 등을 해야 하며, 부과된 세금의 체납 시 소유재산의 압류·공매처분, 체납내역 금융회사 통보, 여권발급제한, 출국규제 등의 불이익을 받을 수 있습니다.

나. 내국법인은 주주(사원)명부를 작성해서 비치해야 합니다. 주주(사원)명부는 사업자등록 신청 및 법인세 신고 시 제출되어 지속적으로 관리되므로 사실대로 작성해야 하며, 주주명의 대여 시는 양도소득세 또는 증여세가 과세될 수 있습니다.

다. 사업자등록 후 정당한 사유 없이 6개월이 경과할 때까지 사업을 개시하지 아니하거나 부가가치세 및 법인세를 신고하지 아니하거나 사업장을 무단 이전해서 실지사업여부의 확인이 어려울 경우에는 사업자등록이 직권으로 말소될 수 있습니다.

라. 실물거래 없이 세금 계산서 또는 계산서를 발급하거나 수취하는 경우 「조세범처벌법」 제10조제3항 또는 제4항에 따라 해당 법인 및 대표자 또는 관련인은 3년 이하의 징역 또는 공급가액 및 그 부가가치세액의 3배 이하에 상당하는 벌금에 처하는 처벌을 받을 수 있습니다.

마. 신용카드 가맹 및 이용은 반드시 사업자 본인 명의로 해야 하며 사업상 결제목적 이외의 용도로 신용카드를 이용할 경우 「여신전문금융업법」 제70조제2항에 따라 3년 이하의 징역 또는 2천만 원 이하의 벌금에 처하는 처벌을 받을 수 있습니다.

바. 공익법인의 경우 공익법인에 해당하게 된 날부터 3개월 이내에 전용계좌를 개설해서 신고해야 하며, 공익목적사업과 관련한 수입과 지출금액은 반드시 신고한 전용계좌를 사용해야 합니다.(미이행 시 가산세가 부과될 수 있습니다.)

신청인의 위임을 받아 대리인이 사업자등록 신청을 하는 경우 아래 사항을 적어 주시기 바랍니다.

대리인 인적사항	성명		주민등록번호	
	주소지			
	전화번호		신청인과의 관계	

신청 구분	[　] 사업자등록만 신청　　　[　] 사업자등록 신청과 확정일자를 동시에 신청
	[　] 확정일자를 이미 받은 자로서 사업자등록 신청 (확정일자 번호 :　　　　　　)

신청서에 적은 내용과 실제 사업내용이 일치함을 확인하고, 「법인세법」 제109조·제111조, 같은 법 시행령 제152조부터 제154조까지, 같은 법 시행규칙 제82조제3항제11호 및 「상가건물 임대차보호법」 제5조제2항에 따라 법인설립 및 국내사업장설치 신고와 사업자등록 및 확정일자를 신청합니다.

년 　 월 　 일

신 청 인 　　　　　　　　　　　　(인)

위 대리인 　　　　　　(서명 또는 인)

세무서장 귀하

붙임 서류	1. 정관 1부(외국법인만 해당합니다) 2. 임대차계약서 사본(사업장을 임차한 경우만 해당합니다) 1부 3. 「상가건물 임대차보호법」의 적용을 받는 상가건물의 일부를 임차한 경우에는 해당 부분의 도면 1부 4. 주주 또는 출자자명세서 1부 5. 사업허가·등록·신고필증 사본(해당 법인만 해당합니다) 또는 설립허가증사본(비영리법인만 해당합니다) 1부 6. 현물출자명세서(현물출자법인의 경우만 해당합니다) 1부 7. 자금출처명세서(금지금 도·소매업, 액체·기체연료 도·소매업, 재생용 재료 수집 및 판매업, 과세유흥장소에서 영업을 하려는 경우에만 제출합니다) 1부 8. 본점 등의 등기에 관한 서류(외국법인만 해당합니다) 1부 9. 국내사업장의 사업영위내용을 입증할 수 있는 서류(외국법인만 해당하며, 담당 공무원 확인사항에 의해서 확인할 수 없는 경우만 해당합니다) 1부 10. 사업자 단위 과세 적용 신고자의 종된 사업장 명세서(법인사업자용)(사업자 단위 과세 적용을 신청한 경우만 해당합니다) 1부

작성방법

사업장을 임차한 경우 「상가건물 임대차보호법」의 적용을 받기 위해서는 사업장 소재지를 임대차계약서 및 건축물 관리대장 등 공부상의 소재지와 일치되도록 구체적으로 적어야 합니다.

(작성 예) ○○동 ○○○○번지 ○○호 ○○상가(빌딩) ○○동 ○○층 ○○○○호

210mm×297mm[백상지 80g/㎡ 또는 중질지 80g/㎡]

② 임대차계약서 양식

부동산 임대차계약서

제1조【임대차 목적물의 표시】

　　1. 소재지 :

　　2. 건물구조 :

　　3. 면적 :

　　4. 임대차구분

　　　1) 임대보증금 ㎡당 일금　　　　원정 (₩　　　　)

　　　2) 월정임대료 ㎡당 일금　　　　원정 (₩　　　　)

제2조【임대차 기간】

　　임대차 기간은 20 　년　　월　 일부터 20 　년　　월　 일까지로 한다.

제3조【임대보증금 및 월정 임대료】

　　1. "을"은 임대보증금 일금 ○○○만 원 중 ○%에 해당하는 일금 ○○○만 원은 계약금으로 계약과 동시에 지불해야 하며, 잔대금은 계약당시 체결된 임차일 당일 현금으로 지불한다.

　　2. 월정임대료는 일금 ○○○만 원(부가세별도)으로 하며, 월정임대료 납부는 "을"이 "갑"과 체결한 임차일 매 1개월 경과 시까지 현금으로 지불해야 한다.

제4조【기타관리비】

　　"을"은 임차일로부터 수도광열비 및 기타 제경비는 "갑"과 상호 협의해서 실비로 부담하도록 한다.

제5조【임차임의 의무규정】

　　"을"은 관리인을 선정해서 임차한 건물과 제반사항에 있어 일반관행을 준수해야 하며, 특히 건물 내부구조 변경 및 임차건물의 제품 야적은 물론 계약당시 제출한 설비목록 외의 설비를 설치하고자 할 시는 사전에 "갑"의 승인을 받아야 한다.

제6조【계약의 해지】

　　당사자가 입주 후 필요에 따라 계약기간 만료 전에 계약을 해지하고자 할 경우 "갑"과 "을"은 2개월 전에 사전통보함으로써 계약을 해지할 수 있다.

제7조【계약의 무효】––––––––––––––

　　본 계약을 임대인이 위약할 시에는 계약금의 배액을 배상하고 임차인이 위약할 시에는 계약금의 무효됨과 동시에 반환을 청구할 수 없다.

제8조【특약사항】

　　상기 계약 일반사항 이외에 아래 내용을 특약사항으로 정하며, 일반사항과 특약사항이 상충되는 경우에는 특약사항을 우선해서 적용하도록 한다.

　　1.

　　2.

　　3.

위 각 조항을 엄수키 위해서 본 계약서 3통 작성해서 임대당사자용, 임대신고용으로 각각 사용하기로 하고 임차인 정정은 이를 불허하며 상기에 명시되지 아니한 사항은 일반 관례에 준한다.

```
                      계약일자 : 20  년    월    일

             (갑) 주     소 :
                  회 사 명 :
                  대 표 자 : ○ ○ ○ (인)
                  연 락 처 :

             (을) 주     소 :
                  회 사 명 :
                  대 표 자 : ○ ○ ○ (인)
                  연 락 처 :
```

③ **주주 명부** : 주주가 가족관계이면 관계까지 적어야 합니다.

④ **법인등기부등본**

⑤ **법인인감증명서**

⑥ **정관**

⑦ **사업허가증사본 1부**(법령에 의한 허가사업의 경우)

⑧ **대표이사 신분증**

참고

법인등기부등본 : 인터넷등기소에서 발급 가능

법인인감증명서 : 인터넷등기소 발급 불가능

                법원 또는 등기소에서 발급기계를 통한 발급

                (반드시 법인보안카드 필요)

③ 부동산 법인은 부동산을 살 때마다 사업자등록증을 신청해야 하나요?

사업자등록 신청 의무

사업자는 사업개시일부터 20일 이내 사업자등록을 신청해야 합니다. 다만, 신규로 사업을 시작하려는 사람은 사업개시일 이전이라도 사업자등록 신청이 가능합니다. 이러한 사업자등록은 사업장마다 해야하며, 부동산 임대업의 경우에는 임대 부동산 각각이 사업장이므로, 부동산을 하나 취득할 때마다 사업자등록증을 신청해야 합니다.

부동산 법인의 경우 사업자등록 신청

❶ 법인 본점의 사업자등록 신청

법인설립등기를 완료 후 본점 사업자등록을 하는 경우 크게 어렵지 않게 사업자등록증을 발급받을 수 있습니다. 이는 세무서에서 법인등기부등본에 기재된 사업장 주소(본점)를 확인 후 사업자등록증을 발급해주기 때문입니다.

❷ 법인 지점의 사업자등록 신청

사업자등록은 사업장마다 별도로 해야 하는데, 부동산 임대업은 부동산 소재지가 하나의 사업장입니다. 따라서 부동산을 추가로 구입할 경우 사업자등록도 추가로 해야 합니다. 사업자등록 신청 시 법인은 등기부에 지점등기가 되어 있어야 합니다. 문제는 법인등기부등본에는 본점 소재지만 있다는 것입니다. 이때 사업자등록을 하기 위해서 지점 설치 등기를 해야 하고, 지점의 내용이 법인등기부등본에 기재되어 있어야 사업자등록 신청이 가능하다.

지점설치등기를 하려면 또 법무사 사무실을 찾아가거나 직접 절차를 진행해야 하는데, 부동산을 구입할 때마다 해야 한다면 정말 귀찮은 일임에는 틀림없습니다. 그래서 사업자 단위 과세를 활용한다면, 시간과 비용을 절감할 수 있습니다.

사업자 단위 과세

❶ 사업자 단위 과세의 개념

사업장이 둘 이상인 사업자 또는 현재는 사업장이 하나이나 추가로 사업장을 개설하고자 하는 사업자는 본점(주사무소) 관할 세무서장에게 사업자 단위 과세를 신청할 수 있습니다. 앞과 같이 신청해서 등록한 사업자를 사업자 단위 과세사업자라고 합니다.

❷ 사업자 단위 과세의 신청 방법과 기한

기존의 각각 사업장 단위로 등록사업자가 사업자 단위 과세사업자로 변경하려면, 사업자 단위 과세사업자로 적용받으려는 과세기간 개시 20일 전까지(=전달 10일) 사업자의 본점 또는 주사무소 관할 세무서장에게 변경등록을 신청해야 합니다. 사업자 단위 과세사업자가 사업장 단위로 등록을 하려는 경우에도 또한 같습니다.

사업장이 하나인 사업자가 추가로 사업장을 개설할 때 추가 사업장의 사업개시일이 속하는 과세기간부터 사업자 단위 과세사업자로 적용받으려는 경우에는 추가 사업장의 사업개시일부터 20일 이내(추가 사업장의 사업개시일이 속하는 과세기간 이내로 한정한다)에 사업자의 본점 세무서장에게 변경등록을 신청해야 합니다.

Q. 주택임대법인이 사업자 단위 과세 신청이 가능한가요?

인터넷 상담사례

상담유형 세법상담·부가가치세	등록일 2020-08-03

Q 주택 임대 법인 임대장소마다 지점 등록을 하지 않고 사업자 단위 과세 신청이 가능한지요?

행정에 노고가 많으십니다.

다름이 아니고 주택 임대 법인이 임대 장소마다 지점 등록을 따로 하지 않고
사업자 단위 과세 신청이 가능한지 궁금해서 상담 문의를 남깁니다.

가능하다면 신청하기 위해서 사업자 단위 과세 등록신청서를 제출하면 되는 것인지, 별도의 서식이나 방법이
있는지 궁금합니다. 홈택스에서 신청이 가능한지도 답변 부탁드립니다.

A 답변 　　　　　　　　　　　　　　　　　　　　　　　　　　　　　　　　　　답변일 2020-08-06

안녕하십니까? 항상 국세행정에 대한 관심과 협조에 감사드립니다.
주택 임대를 사업목적으로 하는 면세법인은 사업자 단위 과세 신청 대상이 아닌 것입니다.

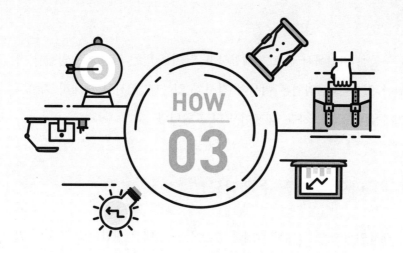

HOW
03

부동산 법인,
어떻게 운영하나요?

나도 대표이사를 하면 급여를 받을 수 있나요?

부동산 법인에서 근로를 제공하고, 급여를 받는 사람으로 임원과 직원이 있습니다. 임원은 이사와 감사가 있는데, 이사들 중에서 회사와 이사를 대표하는 자를 '대표이사'라고 합니다.

대표이사, 누가 할 수 있나요?

대표이사는 말 그대로 급여를 받는 사람 중에서 제일 높은 지위에 있는 사람입니다. 그러면 대표이사는 누가 채용할까요? 당연히 법인의 주인인 주주가 결정합니다. 법인의 주인인 주주 중에서도 대표이사를 할 수 있는데, 대부분의 중소기업에서는 주주가 대표이사도 같이 하고 있습니다.

대표이사는 급여와 상여를 받을 수 있나요?

❶ 대표이사의 급여

대표이사 역시 근로를 제공하고, 그 대가를 받는 사람입니다. 당연히 급여를 받을 수 있습니다. 하지만 근로기준법을 적용받는 근로자가 아니라서 정관 등 회사의 규정이 있어야 규정에 의해 급여를 지급받을 수 있습니다. 다만 급여를 받기 싫으면 받지 않아도 됩니다. 이때 4대보험

공단에 대표이사 급여를 무급여로 한다는 이사회 회의록을 제출해야
합니다.

	담 당			

이사회의록

일 시	
장 소	
이사 및 감사의 수	
출석이사	
출석감사	
의 장	
의 안	
내 용	

위 결의를 명확히 하기 위해서 이 의사록을 작성하고, 의장 및 출석한 이사는 다음에
기명날인한다.

20   년   월   일

대표이사 :   (인)

이   사 :   (인)

이   사 :   (인)

○○ 주식회사

② 대표이사의 급여는 얼마가 적정한가요?

우리가 부동산 법인을 검토하는 이유는 절세입니다. 그렇다고 하면 대표이사의 급여도 절세 효과가 매우 큰 만큼 잘 결정하는 것이 중요합니다. 따라서 대표이사의 적정급여 범위를 미리 검토해서 결정해놓고 필요할 때마다 높였다가, 줄였다가 하는 것이 좋습니다.

많은 분들이 "대표이사가 급여를 받아 가면 소득세와 4대보험이 발생하지 않느냐?"라고 질문을 합니다. 물론 대표이사가 급여를 받아 가면 대표이사의 근로소득세와 4대보험이 추가로 발생합니다. 하지만 대부분의 사람들은 대표이사의 급여 발생 시 늘어나는 소득세는 잘 검토를 하면시, 급여 발생으로 줄어드는 세금은 반영하지 않습니다. 즉 나무는 보는데, 큰 숲은 보지 않습니다.

대표이사에게 급여를 지급하는 법인은 급여만큼 경비가 추가로 발생하고, 그 결과로 법인의 소득이 줄어들기 때문에 법인세가 줄어들게 되어 있습니다.

③ 대표이사의 급여 지급규정은 어떻게 만드나요?

근로자들은 회사의 지급규정이 없어도 근로기준법의 보호를 받기 때문에 크게 문제는 없습니다. 하지만 임원의 급여는 회사 운영에 관한 자치법규인 정관에 규정을 따르게 되어 있으므로 정관에 지급규정이 필요합니다.

④ 임원의 상여와 퇴직금은 별도 규정이 없으면 경비처리가 안 되나요?

임원의 퇴직금은 정관 또는 정관의 위임에 따라 주주총회에서 정한 퇴직급여 지급규정이 있는 경우 규정에 의한 금액을 받을 수 있습니다.

정 관

주식회사 가람(GARAM)

.
.
.

제5장 임 원

제39조(이사와 감사의 보수)

1. 이사와 감사의 보수지급 총한도는 연간 20억 원으로 하며,
   이사와 감사의 보수지급 한도 변경은 주주총회 결의로 정
   한다.
2. 이사와 감사의 보수지급은 주주총회의 결의를 거친 별지
   임원 보수지급규정에 의한다.

제40조(이사와 감사의 퇴직금)

이사와 감사의 퇴직금의 지급은 주주총회의 결의를 거친 별
지 임원 퇴직금 지급규정에 의한다.

[별첨 제1호] 임원 보수지급규정

제1조(목적)

이 규정은 정관 제39조에 의해 당사임원의 보수지급에 관한 사항을 정함을 목적으로 한다.

제2조(임원의 정의)

① 이 규정의 적용대상이 되는 임원이라 함은 명칭 여부에 불구하고 회사의 경영에 실질적으로 참어하는 자로서 법인세법 시행령 제20조 제1항 제4호에서 지정하는 아래의 자를 말한다.

　가. 당사의 회장, 사장, 부사장, 이사장, 대표이사, 전무이사 및 상무이사 등 이사회의 구성원 전원과 청산인.

　나. 감사.

　다. 그 밖에 가목부터 나목까지의 규정에 준하는 직무에 종사하는 자.

② 미등기 실무임원에 해당하는 자는 이 규정의 적용대상이 아니다.

제3조(지급대상 임원)

이 규정에 의한 보수액이 확정되는 시점에 근무하는 임원에 한해서 지급한다.

제4조(보수의 대상기간 및 구성)

① 당사 임원의 보수는 매년 1월 1일부터 12월 31일까지를 그 대상기간으로 하며, [정기급여 + 상여금]으로 구성된다.

② 당사 임원의 퇴직금은 해당 지급규정의 대상이 아니며, 별도의 임원 퇴직금 지급규정에 의한다.

제5조(정기급여)

정기급여는 기본급과 수당으로 구성되며, 매년 주주총회 결의에 의해서 그 금액을 확정해서 보수계약서에 포함해서 기재한다. 다만 연도 중에 잔여기간에 대한 정기급여의 변동사항이 있을 경우에는 주주총회 결의에 의하며, 보수계약서를 수정·작성한다.

제6조(상여금)

① 상여금은 정기상여와 성과급으로 구성된다.

② 정기상여는 개별 임원의 연간 지급하는 정기급여총액의 200% 이내로 연 1회 이상에 시기를 정해서 분할해서 지급할 수 있다.

③ 2항의 범위 내에서 개별 임원에 대한 구체적인 정기상여의 액수 및 지급시기 등을 주주총회 결의에 의해서 확정하며, 그 내용을 개별 임원에 대한 보수계약서에 기재한다.

④ 연도 중에 정기상여의 변동사항이 있을 경우에는 주주총회 결의에 의하며, 보수계약서를 수정해서 작성한다.

⑤ 성과급은 별도의 임원성과급 지급규정에 의한다.

제7조(상여금 등의 지급시기)

상여금은 보수계약서에 기재된 지급시기로부터 2월 이내에 지급
해야 한다.

제8조(한도)

이 규정에 의해서 결정되는 임원보수의 연간합계는 정관 제39조
에 의해서 정해진 한도를 초과할 수 없다.

제9조(규정의 개폐)

이 규정은 주주총회결의에 의해서서만 개폐가 가능하다.

부칙

제1조(시행일) 이 규정은 20   년   월   일부터 시행한다.
제2조(경과규정) 이 규정 시행 이전에 선임된 임원도 본 규정의 적
용을 받는다.

20   .   .   .

주식회사 가람

대표이사

② 대표이사가 급여를 너무 적게 받으면 법인세가 더 발생하나요?

법인을 운영 중인 대표님들과 상담하다 보면, 급여를 적정하게 받고 있지 않은 경우를 자주 보게 됩니다. 급여 발생으로 소득세와 4대보험료가 부담이 되어 실제 가족의 생활비만큼에도 미치지 않게 낮은 급여를 책정하고 있고, 그 결과 많은 문제가 추가로 발생되기 때문에 적정급여는 반드시 결정해야 합니다(자금조달계획서나 증빙서류 첨부 시에도 필요).

대표이사가 회사에서 받는 급여는 소득세 과세 대상이며, 4대보험 중 국민연금과 건강보험료 또한 부과 대상입니다. 소득세가 발생하지만, 법인은 급여라는 경비가 발생이 되어 법인세가 감소됩니다. 대표이사의 급여에 대한 근로소득세와 4대보험 발생액의 합계금액과 법인세 등의 감소액을 비교해 적정금액의 급여를 결정하는 것이 좋습니다.

근로소득세의 증가

법인에서 급여를 받게 되면, 근로소득공제금액과 기타소득공제액을 차감한 금액에 소득세율을 적용해서 소득세를 계산하고, 세액공제까지 차감한 후 소득세를 납부하게 됩니다. 하지만 급여를 지급하게 되면, 법인 입장에서는 급여만큼 비용처리가 되어 법인세가 추가로 감소되는데, 실제 대표이사의 부담세액은 그 차액으로 결정됩니다.

법인에서 연봉 1억 2,000만 원(월 급여 1,000만 원)을 받는 대표이사의 근로소득세

총급여 : 120,000,000원

근로소득공제 : (15,150,000원)

근로소득금액 : 104,850,000원

종합소득공제 : (13,800,000원)(4인 가족공제+국민연금공제+건강보험료 공제)

과세 표준 : 91,050,000원

세율 : 6%~45%

소득세 : 16,967,500원

세액공제 : 800,000원

[근로소득세액공제(500,000원) + 자녀세액공제(300,000원)]

결정세액 : 16,167,500원 + 지방소득세(1,616,750원)

납부세액 : 17,784,250원

* 4인 가족이며, 모두 기본공제대상, 자녀 2는 7세 이상 세액공제대상을 가정 4대보험금
  액은 요율 변동으로 차이 발생 가능

국민연금 부담액

66,360,000 × 9% = 5,972,400원(대표이사 2,986,200원 부담)

국민연금은 급여기준의 9%가 발생되며, 대표이사가 4.5%를 본인의 연금계좌에 입금하고 회사도 대표이사의 미래 연금재원으로 추가 4.5%를 입금하게 됩니다. 국민연금은 급여 지급 시 회사와 대표이사의 자금이 지출되지만, 대표이사 연금으로 돌려받게 되므로 실제 부담액은 아닙니다.

- 국민연금은 연봉기준 66,360,000원까지 발생합니다. 월급기준으로 월 553만 원 초과분은 국민연금은 발생하지 않기 때문에 급여를 올려도 추가 부담은 없습니다.
- 국민연금 회사부담액(9% 중 4.5%)은 법인세 계산 시 경비처리되며, 법인세가 감소됩니다.
- 국민연금 대표이사 부담액(4.5%)은 소득공제로 지출이 인정되어 소득세 계산 시 소득세가 감소됩니다.
- 무엇보다 법인자금을 개인화할 때 세금이 부과가 되는데, 국민연금 회사 부담액은 법인자금이 개인화되는데 세금 없이 대표이사나 근로자에게 지급됩니다.

건강보험료 부담액

120,000,000원 × 8% = 약 9,600,000원(대표이사 약 4,800,000원 부담)

건강보험료는 급여기준의 약 8%(7.8476%)가 발생합니다(노인장기요양보험료 0.8576% 포함).

건강보험료(6.99) + 노인장기요양보험료 [0.8576%(= 건강보험료 × 12.27)]

- 건강보험료는 월 급여기준 약 1억 450만 원까지 부과(초과액은 부과 안 됨)됩니다.

[시행 2022. 1. 1] [보건복지부고시 제2021-339호, 2021. 12. 30, 일부개정]

제2조(월별 보험료액의 상한) 월별 보험료액의 상한액은 다음 각 호와 같다.

1. 직장가입자의 보수월액보험료 : 7,307,100원

2. 직장가입자의 소득월액 보험료 및 지역가입자의 월별 보험료액 : 3,653,550원

직장가입자 보험료 산정

보수월액보험료(2022년 기준)

- 건강보험료 = 보수월액 × 보험료율(6.99% = 가입자 3.495% + 사용자 3.495%)
- 장기요양보험료 = 건강보험료 × 장기요양보험료율(12.27%)
  * 2006년 12월 이전 건강보험료 산정 : 표준보수월액 × 보험료율
  * 표준보수월액 : 표준보수월액 등급표(2007. 1. 1 폐지) 참조

소득월액보험료(2022년 기준)

- 건강보험료 = (연간 보수 외 소득 − 3,400만 원) ÷ 12월 × 소득평가율 ×
  건강보험료율(6.99%)
  ① (연간 보수 외 소득 − 3,400만 원) ÷ 12월 = 소득월액
  ② (소득월액 × 소득평가율) × 건강보험료율 = 소득월액보험료
  ※ 소득평가율 : 사업·이자·배당·기타소득(100%), 연금·근로소득(30%)
  ※ 2018년 6월 이전 소득월액 건강보험료 산정 : 연간 보수 외 소득 × 소득
    평가율 ÷ 12월 × 건강보험료율 × 50/100
- 장기요양보험료 = 건강보험료 × 장기요양보험료율(12.27%)

출처 : 국민건강보험

- 건강보험료 역시 회사부담액은 법인세 계산 시 경비처리 되어 법
  인세를 추가로 낮추는 역할을 하며, 대표이사 부담분도 대표이사
  소득세 계산 시 소득공제 되어 소득세를 낮추는 역할을 합니다(회
  사 부담액 4%+대표이사 부담액 4% = 8% 정도를 건강보험료로 납부).

대표이사가 생각하는 만큼 4대보험료 중 건강보험료와 소득세를 많이 부담하는 것은 아닙니다. 하지만 급여를 낮게 책정하는 경우, 법인세 계산 시 소득이 높게 계산되어 법인세가 더 발생하는 경우가 발생할 수 있으므로 적정 급여의 책정은 매우 중요합니다.

급여는 법인세가 감소되는 금액만큼 소득세를 발생시키는 금액으로 결정하는 것이 적정합니다.

- 소득세 등 부담액 : 27,384,250원
- 월 급여 수령으로 인한 소득세 부담액 : 17,784,250원
- 월 급여 수령으로 인한 건강보험료 발생액 : 9,600,000원
- 월 급여 수령으로 인한 국민연금액 부담액 : 0원(연금은 나중에 돌려받음)
- 법인세 감소액 : 28,020,000원
- 매달급여 비용처리로 인한 법인세 감소액 :
  [120,000,000원 × (20% + 2%) = 26,400,000원]
- 국민연금 비용처리로 인한 법인세 감소액 :
  [3,000,000원 × (20% + 2%) = 660,000원]
- 건강보험 비용처리로 인한 법인세 감소액 :
  [4,800,000원 × (20% + 2%) = 960,000원]

법인세 과세표준 2억 원 초과분을 급여로 받았다는 것을 가정해서 계산한 것임.

③ 퇴직금으로 법인 돈 받아 오면 절세가 가능한가요?

퇴직금을 많이 받고 절세도 하려고 하면 어떻게 해야 하나요?

법인을 운영하는 많은 주주이자 대표이사들이 자주 하는 질문은 다음과 같습니다.

> *"어차피 낼 세금이면 먼저 찾아오는 것이 좋지 않나요?"*

법인자금은 개인이 꼭 필요한 경우가 아니라면, 세금을 납부하면서까지 찾아올 필요는 없다는 것을 확인했습니다. 다시 말하면 나중에 찾아오는 것이 좋습니다. 그렇다면 언제 어떻게 찾아오는 것이 좋을까요? 정답은 퇴직할 때 퇴직금으로 큰돈을 찾아오는 것입니다. 은퇴시점까지 기다렸다가 퇴직금을 찾아오는 것이 적정하지 않다면, 큰돈이 필요할 때 퇴직하는 것도 좋은 방법일 수 있습니다.

퇴직하고 나면 급여를 더 이상 못 받는 것이 아닌가 하는 의문을 가질 수 있지만, 주주로서 배당을 받을 수 있기 때문에 문제가 없습니다.

대표이사가 퇴직금을 받으려면 어떻게 해야 하나요?

❶ 퇴직금 지급규정

대표이사는 퇴직금 지급규정이 있어야 퇴직금을 받을 수 있습니다.

근로기준법을 적용받는 근로자는 회사의 퇴직금 지급규정이 없더라도 퇴직금을 보장받을 수 있습니다. 하지만 대표이사를 포함한 임원의 경우에는 근로기준법의 적용을 받지 못하기 때문에 회사에 지급규정이 있어야 퇴직금을 받을 수 있습니다.

❷ 임원 퇴직금 지급규정

【별첨 제2호】임원 퇴직금 지급규정

제1조(목적)

이 규정은 정관 제40조에 의한 임원 퇴직금 지급규정으로써 당사 임원의 퇴직금 지급에 관한 사항을 정함을 목적으로 한다.

제2조(임원의 정의)

① 이 규정의 적용대상이 되는 임원이라 함은 명칭 여부에도 불구하고, 회사의 경영에 실질적으로 참여하는 자로서 법인세법 시행령 제20조 제1항 제4호에서 지정하는 아래의 자를 말한다.

　가. 당사의 회장, 사장, 부사장, 이사장, 대표이사, 전무이사 및 상무이사 등 이사회의 구성원 전원과 청산인.

　나. 감사.

　다. 그 밖에 가목부터 나목까지의 규정에 준하는 직무에 종사하는 자.

② 미등기 실무임원에 해당하는 자는 이 규정의 적용대상이 아니다.

③ 제1항에 의한 임원이라도 퇴직금이 없는 조건의 별도 연봉계약을 한 임원의 경우에는 이 규정의 적용대상이 되는 임원이 아니다.

제3조(지급조건)

이 규정의 퇴직금은 근속기간 만 1년 이상의 임원이 퇴직할 경우에 지급한다. 이때 퇴직의 범위에는 퇴직하는 시점에 적용되는 법인세법 및 소득세법 등에 나오는 '현실적 퇴직(중간정산 관련 규정 포함)'을 포함하는 것으로 한다.

제4조(퇴직금의 계산)

① 퇴직금은 아래의 금액으로 한다.

A. 퇴직금 계산 기준

$$\text{2019년 12월 31일부터 소급해 3년(2012년 1월 1일부터 2019년 12월 31일까지의 근무기간이 3년 미만인 경우에는 해당 근무기간으로 한다) 동안 지급받은 총급여의 연평균환산액} \times \frac{1}{10} \times \frac{\text{2012년 1월 1일부터 2019년 12월 31일까지의 근무기간}}{12} \times 3$$

$$(+)$$

$$\text{퇴직한 날부터 소급해 3년(2020년 1월 1일부터 퇴직한 날까지의 근무기간이 3년 미만인 경우에는 해당 근무기간으로 한다) 동안 지급받은 총급여의 연평균환산액} \times \frac{1}{10} \times \frac{\text{2020년 1월 1일 이후의 근무기간}}{12} \times 2$$

② 제1항 적용 시 총급여란 비과세근로소득을 제외한 모든 근로소득을 의미하되, 법인세법에 따라 상여로 처리된 금액

및 퇴직함으로써 받는 소득으로, 퇴직소득에 속하지 아니하
는 소득은 제외한다.

③ 제1항 적용 시 근무기간은 개월 수로 계산하며, 1개월 미만
의 기간이 있는 경우에는 이를 1개월로 본다.

제5조(근무기간의 계산)

① 제4조를 적용 함에 있어 근무기간은 등기임원으로 재직한
기간에 한한다.

② 1년 이내의 휴직기간은 근무기간에 포함한다.

③ 1년 미만의 기간은 월할 계산하고, 1개월 미만 기간은 1개
월로 계산한다.

④ 재임기간이 1년 미만이라도 월할 계산한다.

제6조(퇴직금의 지급방법)

퇴직금은 현금으로 지급함을 원칙으로 하되, 퇴직한 자의 요청
또는 동의가 있는 경우, 현금 외의 회사의 자산(재고자산, 금융자산,
유가증권, 고정자산, 보험금 또는 보험증서 등)으로 지급할 수 있다. 이때
퇴직금으로 지급되는 현금 외의 자산의 평가는 상속세 및 증여
세법의 보충법평가방법에 의한다.

제7조(사망자의 퇴직금 지급 및 유족보상금)

사망으로 인해서 퇴직한 자의 퇴직금은 유족에게 지급하며, 퇴
직금 외에 유족보상금에 대한 금액을 지급할 수 있다. 이때 유
족보상금은 별도의 임원유족보상금 지급규정에 의한다.

제8조(규정의 개폐)

　　본 규정의 개폐는 주주총회의 결의에 의해서만 가능함을 확인한다.

부칙

제1조(시행일) 이 규정은 20○○년 ○○월 ○○일부터 시행한다.

제2조(적용) 이 규정은 본 규정의 시행이전의 근속기간에 대해서도 소급 적용한다.

20○○. ○○. ○○.

주식회사 가람

대표이사

퇴직금이 지급되면 세법에서 비용처리 인정되나요?

　퇴직금을 받은 대표이사는 세법에 의해 퇴직소득으로 세금이 발생됩니다. 퇴직금을 받을 때 소득세는 발생하지만, 반면 법인세가 줄어든다면 퇴직으로 인해서 오히려 절세 효과가 발생됩니다. 퇴직금 지급에 대해 법인에서 비용인정을 받으려면, 세법에서 요구하는 다음의 요건을 충족해야 합니다.

❶ 정관에 의한 퇴직금 지급규정

임원퇴직금은 정관이나 정관에서 위임한 규정에 퇴직금 지급규정이 있어야 합니다. 여기서 유의할 것은 퇴직금 지급규정은 그 지급액을 결정하는 규정이지, 세법에서 인정하는 규정은 아닙니다.

❷ 세법에서 비용인정하는 금액

세법은 다음 표에 의한 계산된 금액만 퇴직금으로 인정합니다. 퇴직금 인정액 초과금액은 급여로 비용처리가 되지만, 급여는 4대보험 발생과 다른 소득이 있다면 누진세율이 부과가 되므로, 퇴직소득으로 인정되는 것보다 세금이 많이 발생됩니다.

$$\left(\begin{array}{c} \text{2019년 12월 31일부터 소급해 3년(2012년} \\ \text{1월 1일부터 2019년 12월 31일까지의 근무기간이} \\ \text{3년 미만인 경우에는 해당 근무기간으로 한다)} \\ \text{동안 지급받은 총급여의 연평균환산액} \end{array} \times \frac{1}{10} \times \frac{\begin{array}{c}\text{2012년 1월 1일부터}\\\text{2019년 12월 31일까지의}\\\text{근무기간}\end{array}}{12} \times 3 \right)$$

$$+$$

$$\left(\begin{array}{c} \text{퇴직한 날부터 소급해 3년(2020년 1월 1일부터} \\ \text{퇴직한 날까지의 근무기간이} \\ \text{3년 미만인 경우에는 해당 근무기간으로 한다)} \\ \text{동안 지급받은 총급여의 연평균환산액} \end{array} \times \frac{1}{10} \times \frac{\begin{array}{c}\text{2020년 1월 1일}\\\text{이후의 근무기간}\end{array}}{12} \times 2 \right)$$

❸ 실제 퇴직 시 비용인정

퇴직금은 실제 퇴직할 때 지급되는 것입니다. 하지만 실무에서는 세금을 줄이려고 퇴직을 하지 않았지만, 서류로 퇴직한 것처럼 포장하는 경우가 많습니다. 세법은 실제 퇴직하지 않았지만, 퇴직으로 처리한 것은 비용으로 인정하지 않습니다.

④ 실제 지급 시 비용인정

법인 입장에서 퇴직금은 큰 금액을 비용처리 받을 수 있는 중요한 카드입니다. 하지만 퇴직 시 실제 지급할 큰돈이 없어서 비용인정을 못 받는다고 하면, 법인 입장에서 큰 손실이 됨에는 틀림없는 사실입니다. 또한, 돈이 없어서 퇴직금을 지급 못 받는 대표이사 측면에서도 엄청난 손실입니다. 따라서 회사에서 직원들 퇴직금 지급을 위해 자금을 적립하는 것처럼 대표이사나 임원들의 퇴직금도 적립을 하는 것이 중요합니다. 이때 정관의 규정처럼 퇴직금은 현금으로 지급하는 것을 원칙으로 하되, 퇴직자의 요청 또는 동의가 있는 경우 현금 외의 자산으로 지급할 수 있습니다.

중요한 것은 퇴직시점에 어떻게 받는 것이 중요한지 검토를 하는 것이 필요합니다. 예를 들면 대표이사가 퇴직금으로 받아갈 돈을 보험회사에 적립을 한다면, 퇴직 시 보험증권으로 퇴직금을 받아 갈 수 있습니다. 보험증권은 납입기간이 종료가 되고, 퇴직시점 이후에는 그 원금 증가 속도가 다른 어떤 금융상품에 비해 빠르기 때문에 같은 금액을 퇴직금으로 받아 가더라도 그 이후 유리한 상황이 발생됩니다.

또한, 퇴직금을 보험회사에 보장성 보험으로 적립을 한다면, 퇴직 전에는 회사 자산이지만, 퇴직 전에 혹시라도 대표이사가 사망하는 사건이 발생하면 보험회사에서 회사에 큰돈을 지급하므로, 유가족이 회사를 운영 및 유지하는 데 큰 도움이 됩니다.

4 법인카드 마음대로 써도 되는 것인가요?

세무사 사무실은 회사의 수익과 비용을 계산해서 수익에서 비용을 차감한 소득을 확인한 후, 그 소득에 대한 세금을 계산하고, 신고하는 역할을 합니다. 모든 수익을 세금 계산이 되는 수익으로 포함해서 세금 계산을 하지 않고, 사업과 관련된 수익만이 세금 계산이 되는 수익입니다. 따라서 아버지에게 아침에 받은 용돈까지 세금의 대상이 되는 수익은 아닙니다.

비용도 수익과 같습니다. 사업에 관련되어 지출된 비용만 세금 계산할 때 공제되며, 사업과 관련이 없는 경비는 인정하지 않습니다. 세금 계산 시 회사의 법인카드 사용내역 중 공제되는 경비와 공제되지 않는 경비를 구분하는데, 대표적으로 인정되지 않는 경비는 다음과 같습니다.

개인적 경비(=가사 관련 경비)

법인카드를 사용하더라도 사업과 관련된 지출이 아니라, 개인의 지출이라면 경비처리되지 않습니다.

- 개인의 의류 구입이나 여행경비(부동산 시장 조사 비용인 임장 비용은 경비처리 가능)
- 집에서 사용할 목적의 전자제품 및 인테리어 관련 비용
- 업무 관련 사고가 아닌 개인적 병원비 및 성형수술비
- 애완견의 간식비 등

접대비

세법은 무분별한 접대행위를 인정하지 않습니다. 따라서 법인카드를 사용하더라도 사업과 관련된 접대비 중에서 일정 금액이 넘는 접대비는 비용으로 인정하지 않습니다.

차량유지비

세법은 차량을 업무에 사용한 금액만 인정합니다. 따라서 업무에 사용하지 않고, 개인적으로 여행 등에 사용된 비용은 법인카드를 사용하더라도 경비인정하지 않습니다.

법인카드 사용액 중 대표이사의 개인적 지출액은 대표이사의 급여로

처리되어 소득세와 4대보험이 추가로 발생되기 때문에 법인카드를 사업과 관련 없이 사용하면, 세금폭탄이 발생할 수 있습니다.

부동산 법인이 비용을 인정받으려면 어떻게 해야 하나요?

법인은 법에 의해 인격이 부여된 독립된 인격체입니다. 따라서 재산과 소득은 1차적으로 법인에 귀속됩니다. 다시 말하면 대표이사나 주주라고 해서 근거 없이 법인에 있는 돈을 빼서 쓰면 안 된다는 것입니다.

법인의 자금 지출 시에는 반드시 어디에 사용했는지 지출의 증빙을 갖춰야 합니다.

운영비를 인정받으려면 반드시 증빙서류를 챙겨라

부동산 법인으로 부동산을 매수하고, 매도하는 이유는 여러 가지가 있습니다. 그중 하나는 양도소득세로 신고할 때 인정되지 않는 경비를 부동산 법인으로 매도, 매수 시 경비인정을 받을 수 있다는 것입니다.

경비인정 금액이 많으면 많을수록 소득세 신고 시 소득금액이 줄어들기 때문에 세금이 줄어드는 절세 효과가 발생합니다. 다만, 경비인정의 요건은 다음과 같습니다.

① 지출증빙 영수증

지출증빙 영수증이 있어야 경비인정을 받습니다. 대표이사가 아무리 법인경비로 지출했다고 이야기해도, 실제 지출을 입증하는 영수증이 있어야 합니다.

• 법정 영수증

법에서 인정하는 영수증으로 물건을 구매하거나 서비스를 제공받고, 그 대가를 지급할 때 법에서 정한 방법으로 결제를 하고 받는 영수증을 말합니다.

- 신용카드로 결제했다면 신용카드 영수증
- 현금을 지급하고 받은 현금 영수증
- 세금 계산서 또는 계산서

• 법정 영수증 외의 영수증

세법은 경비를 인정받기 위해서는 법정 영수증을 수취해야 한다고 합니다. 하지만 법정 영수증을 받지 못하면 경비인정이 안 될까요? 만약 식당에서 밥을 먹고 밥값 지급 후 간이영수증을 받았다면, 법정 증빙 외의 영수증을 수취한 것인데 이 경우 경비인정을 하지 않을까요?

법정 영수증을 받지 못했어도 실제 지출 사실이 확인되면 경비인정을 받습니다. 하지만 법정 영수증을 수취하지 않은 것에 대해서 벌금이 부과됩니다.

법정증빙 외 증빙 수취 가산세
• 법정 영수증 외 영수증을 받은 금액의 2%
• 접대비는 30,000원까지 간이영수증 받아도 가산세 없음
• 그 외 경비는 30,000원까지 간이영수증 받아도 가산세 없음
• 거래처 경조사비는 건당 200,000원까지는 법정증빙 없어도 가산세 없음

인건비를 경비인정받으려면, 반드시 인건비 신고를 하라

❶ 대표이사, 임원 급여

부동산 법인의 특징은 별도의 직원이 필요하지 않을 수 있다는 것입니다. 물론 부동산 매매 횟수가 많거나, 실제 건축을 할 때처럼 복잡한 사업을 하는 경우는 별도의 직원이 필요할 수 있습니다. 하지만 우리는 부동산 매매처럼 단순한 사업으로 부동산 법인을 시작을 하는 경우가 대부분이기 때문에 세무사 사무실이나 법무사 사무실과 협력을 잘하면 별도의 직원이 필요 없습니다.

다만, 법인자금의 개인화를 위한 대표이사나 임원의 급여는 발생할 수 있는데, 받는 사람의 소득세가 발생하지만 법인에서 경비처리되기 때문에 적정 급여를 책정한다면, 세금은 발생하지 않을 수 있습니다. 이때 법인에서 경비처리를 받기 위해서는 급여신고를 해야 합니다. 매달 급여 지급 시 세금과 4대보험을 차감한 금액을 지급하고, 다음 달 10일까지 국세청에 그 내역을 신고하고 납부해야 합니다.

급여 지급 시 받는 사람의 세금을 지급하는 사람이 차감하고 지급하는 행위를 '원천징수행위'라고 합니다. 지급하는 회사는 원천징수한 금액을 다음 달 10일까지 신고를 해야 하는데, 20인 이하 사업장은 반기별 신고라고 해서 6개월에 한 번씩 할 수 있습니다.

② 일용직 급여를 챙겨라

대부분의 부동산 법인은 대표이사를 제외한 별도의 직원이 필요 없습니다. 하지만 일용직으로 채용하는 직원은 있을 수 있는데, 금액이 크지 않는 이유로 그냥 지급하고 아무런 신고를 하지 않는 경우가 많습니다.

일용직 급여는 받는 자의 소득세가 거의 발생하지 않는 반면, 지급하는 법인은 100% 경비처리가 됩니다. 그렇기 때문에 반드시 일용직 급여발생 시 경비처리 절차를 진행해야 합니다. 일용직 신고는 매달 세무서에 일용근로소득지급명세서 제출로 하며, 근로복지공단에 근로내역확인신고를 합니다.

③ 일용직 급여의 계산

A는 부동산 법인의 건물청소를 하고, 일당으로 20만 원을 받기로 계약했습니다. 부동산 법인은 20만 원 중에서 소득세 1,350원과 지방소득세 135원을 차감한 잔액을 지급했습니다. 분리과세로 종결되기 때문에 따로 지급받는 사람은 소득세 신고는 하지 않아도 된다는 이야기를 법인으로부터 들었습니다.

$$[(200,000원 - 150,000원) \times 6\% - (1 - 55\%)] \times 1.1$$

- 일용직 근로자는 하루 15만 원은 공제하고, 세금 계산을 합니다.
- 일용직 근로자는 세율이 6% 단일 세율입니다(누진세율 적용 안 됨).
- 일용직 근로자는 세금의 55%를 공제해줍니다(한도 없음).
- 일용직 근로자는 종합과세가 아니라 분리과세로 신고의무를 종결합니다. 즉 다른 소득이 많이 있더라도 합산해서 높은 세율을 적용하지 않습니다.
- 일용직 근로자의 세금은 국세(100%)와 지방소득세(10%)로 나누어집니다.
- 따라서 110%인 1.1을 곱해서 계산합니다.

일용직 급여를 경비인정 받으면, 지급하는 법인은 4만 4,000원의 세금이 감소하며, 지급받는 개인은 1,500원 정도의 세금이 발생됩니다.

6 지출 시 영수증이 없으면, 대표이사가 반환해야 하나요?

법인의 돈이 지출되면 반드시 증빙이 있어야 합니다. 하지만 법인의 현금지출은 이루어졌으나 어떻게 사용되었는지 밝히지 못한다면, 가지급금이라는 이름으로 회계처리를 하게 됩니다.

이러한 가지급금으로 인해서 대표이사는 추가적인 세금 부담을 안게 되며, 그 금액을 법인에 상환해야 하는 엄청난 결과를 가져오게 됩니다.

가지급금은 왜 발생할까요?

❶ 대표이사나 임원의 개인적인 비용을 법인자금으로 지출

사업과 관련이 없는 여행경비나 임직원의 집에서 발생하는 경비(=가사 관련 경비)를 기업자금으로 지출했을 때, 법인에서는 정상적인 비용처리가 어렵고, 가지급금 처리합니다.

❷ 무증빙 경비처리

사업과 관련해서 지출한 자금이라고 하더라도 증빙이 없으면 가지급금으로 처리됩니다. 자금인출의 사유가 불분명한 자금으로 인식되어 가지급금 처리됩니다.

❸ 법인자금의 대여

법인의 여유자금이라고 하더라도 그 돈은 법인의 돈입니다. 예를 들어 돈이 급히 필요한 직원에게 여유자금을 빌려준다면, 이를 가지급금으로 처리합니다.

가지급금은 왜 법인에서 문제가 되나요?

❶ 가지급금 인정이자로 인한 법인세 증가

가지급금 발생 시 세법은 대표이사에게 빌려준 것으로 처리합니다. 부동산 법인은 돈을 빌려준 것으로 처리하기 때문에 이자를 받아야 합니다. 이자를 받든, 받지 않든, 이자수익을 계산해야 하고, 이자수익이 발생하면 이에 대한 법인세도 증가합니다.

❷ 은행에 지급한 이자비용

은행에 지급한 이자 또한 비용처리가 안 됩니다. 세법은 업무에 사용된 지출만 비용인정을 합니다. 따라서 업무와 상관없는 지출은 비용인정을 하지 않습니다.

이자비용은 은행에서 돈을 빌린 대가로 발생한 비용입니다. 은행에서 돈을 빌려와 그 돈으로 사업 관련으로 사용했을 때 그 지출인 이자가 비용인정되는 것입니다. 하지만 은행에서 빌린 돈을 어디에 사용했는지 밝히지 못하거나, 대표이사 개인비용으로 사용되었거나, 대표이사 등에게 빌려준다면, 사업에 사용한 것이 아니기 때문에 그 이자는 비용인정이 되지 않습니다. 따라서 비용인정이 안 되어 소득이 더 크게 계산이 되어 세금이 증가됩니다.

❸ 가지급금 이자 상환

대표이사는 가지급금에 대한 이자를 1년 이내에 상환해야 합니다. 가지급금이 발생되면, 부동산 법인은 이 돈을 대표이사에게 빌려준 것으로 회계처리합니다. 따라서 법인은 이자를 실제 받든, 받지 않든, 이자수익 처리합니다.

반대로 대표이사는 그 이자를 법인에 상환을 해야 하는데, 이자발생일의 다음 연도 말일까지 상환하지 않으면 급여처리를 하게 되어 있습니다. 대표이사는 보통 기존 급여가 많기 때문에 추가로 급여처리가 되면, 높은 세율이 적용되기 때문에 추가로 발생한 이자에 대한 많은 세금을 부담하게 됩니다.

❹ 가지급금 원금의 급여처리

가지급금 발생 시 대표이사는 그 금액을 법인에 상환해야 하는 의무를 가지고 있습니다. 하지만 끝내 상환하지 않고 회사와 관계를 마감한다면, 가지급금 원금을 급여처리하게 되어 있습니다.

가지급금 원금은 오랜 기간 동안 누적되어온 금액이기 때문에 관계소멸 시 급여처리된다면, 누진세율 체제하에서는 최고 49.5%가 세금으로 발생할 수 있습니다. 또한 급여처리 시 건강보험료까지 발생하게 되므로, 법인의 지출이 발생되면 반드시 영수증을 받아야 합니다.

개인이 아닌 부동산 법인이 다운계약서를 쓰면 어떻게 되나요?

부동산 법인을 운영하는 대표들과 상담을 해보면, 부동산을 사고팔아서 소득을 발생시키는 데 있어서 가장 중요한 것은 좋은 물건의 확보라고 합니다.

다운계약서 작성

① 다운계약서란?

부동산 계약은 매도자와 매수자의 합의된 가격에 의해 성사가 됩니다. 부동산 매매계약에 의해 매도자는 양도소득세가 발생되며, 매수자는 취득세 등이 발생되는데, 매매가격이 너무 높으면 양도소득세도 많이 발생하고, 매수자의 취득세 등도 많이 발생됩니다. 그래서 부동산 매매계약서상의 매매금액을 실제 매매금액보다 낮춰서 작성하기도 하는데, 이를 '다운계약서'라고 합니다.

② 매수자인 부동산 법인의 다운계약서 작성이유

좋은 물건은 매수자들의 경쟁이 매우 치열합니다. 매수자들의 경쟁이 없다고 하더라도 매도자는 세금문제 때문에 매도를 꺼려합니다. 이때 매수자가 매도자의 물건을 손쉽게 확보하는 방법은, 매도자의 세금문제를 해결해주기 위한 다운계약서 제안입니다.

매도자 역시 다운계약서 작성으로 양도소득세 문제가 해결된다면, 매도를 하지 않을 이유가 없게 되어 계약이 성사됩니다.

업계약서 작성

❶ 업계약서란?

부동산 매매계약서상의 금액이 실제 매매되는 금액보다 높게 작성되는 계약서를 '업계약서'라고 합니다. 이때 판매자는 실제 매매가격보다 높은 가격으로 작성이 되기 때문에 양도소득세가 실제보다 더 많이 발생하고, 매수자는 실제 매수가격보다 더 많은 금액이 부동산 매매계약서에 기재가 되기 때문에 취득세 등이 실제보다 더 많이 발생됩니다.

❷ 매도자인 부동산 법인의 업계약서 작성이유

업계약서는 부동산을 매도하는 법인에게는 법인소득세가 더 많이 발생하고, 매수하는 사람에게는 취득세 등이 더 많이 발생합니다. 그런데 왜 업계약서를 작성하는 것일까요? 법인이 보유하고 있는 부동산을 급하게 처분해야 하는 경우, 매수자에게 유리한 조건으로 계약서를 작성해줘야 빨리 처분할 수 있기 때문입니다.

❸ 매도자가 개인인 경우 업계약서 작성이유

매도자는 계약서를 정상적인 금액으로 작성해도 되는데, 왜 업계약서를 작성할까요? 매수자 측의 요청으로 매매가격 외에 별도의 금액을 제시받는다면 업계약서의 유혹에 빠질 것입니다. 하지만 매매가격을 더 높게 작성하면, 양도소득세를 더 내야 하지 않을까요?

매도자가 1세대 1주택 비과세 적용을 받는 경우라고 하면, 부동산 매매계약서상의 금액이 12억 원까지는 양도소득세가 발생되지 않습니다. 대부분의 업계약서는 매도자가 1세대 1주택 비과세 대상자인 경우가 많습니다.

❹ 매수자 입장에서의 작성이유

매수자가 업계약서를 작성하는 경우에는 취득세 등이 실제보다 더 많이 발생합니다. 그렇다면 왜 취득세 등을 많이 부담하면서까지 업계약서를 작성할까요?

- 판매시점 준비

매수자도 언젠가는 부동산을 매도합니다. 양도소득세는 판매가격에서 취득가액을 차감한 양도소득을 기준으로 계산합니다. 이때 취득가격이 크면 클수록 양도소득세가 작아지는데, 이를 매수자가 취득시점에 판매시점의 준비를 하는 것이 업계약서입니다.

특히 매수자가 부동산을 취득 후 2년 이내에 양도할 계획이라면, 높은 세율을 적용받기 때문에 업계약서를 써서 취득가격을 올려놓으면 그 효과는 배가 됩니다.

- 대출 필요성

부동산을 취득하는 투자자들에게 대출은 굉장히 중요한 역할을 합니다. 매수하려는 물건을 최소한의 돈으로 대출을 통해 매수하는 것이 투자의 핵심이기도 합니다. 이때 대출한도의 기준이 되는 것이 매매금액입니다. 물론 대출의 다른 기준도 있지만, 보통 매매가격 기준으로 책정되는 것이 일반적입니다. 대출을 많이 받기 위해서 부동산 매매계약서 금액을 높게 작성하기도 합니다.

부동산 매매 법인의 다운계약서와 업계약서의 함정

❶ 부동산 법인의 다운계약서 작성의 함정

부동산 법인은 다운계약서 작성으로 물건을 손쉽게 얻었지만, 이 다운계약서 작성으로 큰 손실을 보게 됩니다. 그 이유는 다운계약서를 작성하더라도 매수자에게는 다운계상서상의 매매금액이 아닌, 실제 매수가격을 지급해야 합니다.

부동산 법인이 부동산을 사고 받은 영수증에는 다운계약서상 금액이 적혀 있으나, 법인의 돈은 그 금액보다 큰 실제 매매금액이 지출되기 때문에 회계 장부상 큰 차액이 발생합니다.

우리는 이 금액의 차이를 '가지급금'이라고 부르며, 대표이사에게 빌려준 돈으로 회계처리합니다.

❷ 부동산 법인의 업계약서 작성의 함정

매도자인 부동산 법인은 업계약서 작성으로 물건가격을 정상적인 가격보다 더 많이 받을 수 있다고 판단합니다. 왜냐하면 부동산 매매계약서상 거래가격을 높게 작성해주면, 매수자는 대출을 더 많이 받을 수 있기 때문입니다. 또한, 매수자가 취득 후 양도 시 양도소득세 부담 또한 크게 줄어들기 때문에 매수자가 돈을 더 주더라도 분명 업계약서를 작성하려고 한다고 믿기 때문입니다.

하지만 매매계약서상의 금액을 더 높게 작성하더라도 법인에 판매대금으로 입금되는 금액은 실제 매매금액이기 때문에 부동산 법인장부에 판매대금으로 표시되는 금액보다 적은 금액이 입금됩니다.

이 차액을 세법에서는 자금이 법인에 들어왔다가 다시 부당하게 유출된 것으로 인지하고, 가지급금으로 처리하도록 하고 있습니다.

③ 가지급금 발생의 결과

앞서 검토한 결과와 마찬가지로 가지급금은 법인이 대표이사에게 빌려준 돈으로 처리를 하기 때문에 많은 문제점을 발생시키고 있습니다.

- 이자수익 발생으로 법인세가 증가됩니다.
- 이자비용이 비용인정 안 되어 비용감소로 인한 소득이 증가됩니다. 그 결과 법인세가 증가됩니다.
- 대표이사가 1년 이내에 이자를 상환하지 않으면, 급여처리되므로 소득세가 증가됩니다.
- 가지급금 원금은 법인 폐업 시 또는 대표이사 사퇴 시 급여처리로 소득세가 증가됩니다.

WHEN

부동산 법인을
언제 만들어야 하나요?

① 언제 법인을 만들어야 가장 좋을까요?

돈을 많이 번 개인사업자 대표님들이 소득세 절세를 위해 상담을 하는 중에 법인이 필요하다는 것을 느끼면 어김없이 아래 질문을 합니다.

"세무사님, 그러면 언제 법인을 만들어야 가장 좋을까요?"

소득이 늘어나는 사람은 재산도 늘어나는데(소득 중 쓰고 남은 돈은 재산이 됨), 절세가 반드시 필요합니다. 왜냐하면 빨리 절세방안을 마련하지 않는다면, 세금이 점점 많아지기 때문입니다.

소득과 재산이 점점 늘어나는 사람은 보통 다른 재산이 존재하고, 그 재산에서 또 다른 소득이 발생하기 때문에 재산의 증가 속도가 점점 빨라집니다. 누진세율 체계하에서는 그 소득세의 크기는 점점 더 커져가며, 소득세를 내고 남은 소득, 즉 재산에 대해서도 보유세나 상속세 및 증여세가 발생하며 그 금액은 점점 증가합니다. 그렇다면 이러한 사람들에게 가장 세금을 절세하기 좋은 시점은 언제일까요?

정답은 바로 지금이 절세를 위한 가장 빠른 시점입니다. 절세에 대한 다른 방법을 준비하지 않으면 세금을 가장 작게 부담하는 시점이 재산가치 증가 이전인 지금이며, 절세를 위해서는 지금 법인을 준비하는 것이 가장 좋은 절세 시점입니다.

부동산 법인이 필요한 시점 판단의 필요성

부동산을 구입·보유·판매하는 데 있어서 세금문제는 피할 수가 없습니다. 부동산을 취득할 때와 부동산을 보유할 때 세금이 발생하며, 부동산을 매매할 때 발생하는 소득에 대해서도 세금은 반드시 발생합니다. 또한 부동산은 판매하지 않더라도 부동산을 증여할 때 증여세가 발생하며, 사망하는 경우에도 상속으로 인한 세금문제가 발생합니다.

이러한 세금에 대해 적극적으로 관심을 가져서 세금을 적정하게 부담하는지, 더 줄일 수 있는 방법은 없는지에 대해서 관심을 가지는 것이 필요합니다. 또한 언제부터 준비를 하느냐에 따라서 세금은 달라질 수 있으므로, 그 시점에 대한 관심 또한 매우 중요한 절세 요소입니다. 언제부터 준비하느냐는, 어떤 재산이 누구에게로 어떻게 이동하느냐에 대한 시점을 결정할 수도 있습니다.

① 재산을 취득했을 때

부동산은 취득했을 때 취득세가 발생합니다. 본인 명의로 취득했을 때 취득세를 부담했다가 그 재산을 자녀 명의나 가족 명의로 옮긴다면, 취득세가 한 번 더 발생합니다. 이러한 경우를 대비해서 부동산 법인을 만들어 취득한다면, 최초 취득 시에는 취득세가 발생하나 상속이나 증여 시점에는 부동산의 명의가 변경되는 것이 아니라, 주식을 주고받게 되므로 취득세가 발생되지 않습니다.

② 재산을 보유 중일 때

• 보유세

보유세는 재산 가격을 기준으로 과세되며, 과세기준일 현재의 소유자에게 과세됩니다. 보유세의 과세기준일은 매년 6월 1일이며, 6월 1일 이전에 부동산 법인을 만들어 그 귀속을 변경시킨다면, 최고 누진세율 적용에 의한 과도한 세율을 피할 수 있어서 절세를 할 수 있습니다.

• 개인종합부동산세의 최고세율은 6%(농어촌특별세 포함 7.2%)

법인의 주택에 대한 종합부동산세 세율은 3.6%입니다(농어촌특별세 포함). 다만 조정지역에 2주택을 보유하거나 비조정지역이라 하더라도 3채 이상 보유하면 7.2%(종합부동산세 6%, 농어촌특별세 1.2%)의 엄청난 세율을 적용합니다. 6월 1일 이전 주택수 조정으로 인해 3.6%로 낮추는 노력이 이루어지기도 합니다.

> **참고**
>
> 세법 개정(안)이 국회에서 통과되면 법인 소유 주택의 종합부동산세 세율은 주택 수와 상관없이 3.24%(종합부동산세 2.7%, 농어촌특별세 0.54%)가 되어 세금이 크게 감소됩니다.

• 소득세

소득세는 소득 발생 시 내는 세금입니다. 따라서 소득 발생 전 부동산 법인을 만들어 그 소득의 귀속을 바꾸는 것 또한 세금을 줄이는 아주 중요한 방법입니다.

❸ 재산을 이전할 때

양도소득세나 상속세 및 증여세는 그 재산의 이전 시 세금이 발생합니다. 물론 양도소득이나 상속 및 증여대상의 재산은 양도시점에 일시적으로 그 가치가 증가되는 것은 아니라, 조금씩 상승으로 처분시점에 그 금액이 계산되는 것입니다.

가치가 상승하기 전에 부동산 법인을 만들어 이전하는 것이 좋지만, 그 시점을 놓쳤다고 하더라도 최대한 빨리 법인으로 이전한다면, 이후 재산가치 상승분은 절세를 할 수 있습니다.

재산이 누구에게 어떻게 이동하느냐에 대한 시점판단

❶ 과거 발생한 재산에 대한 이동시점(=지금까지 벌어서 쓰고 남은 재산)

현재 재산은 과거에 발생한 소득의 누계액입니다. 재산은 세금을 납부하고 남은 소득의 누계액이나 그 재산의 이동에 세금이 또 발생됩니다. 따라서 굳이 세금을 내면서까지 재산을 이동시킬 필요가 없다면, 부동산 법인을 만들어 미래에 발생할 재산에 대한 대비책을 먼저 마련하고 난 뒤, 현재 재산에 대한 이동시점을 고려하는 것이 현명한 판단입니다.

❷ 미래 발생할 재산(=소득)에 대한 이동시점

부동산 법인을 최대한 빨리 만드는 것이 미래에 발생할 재산이나 소득에 대한 빠른 절세방법입니다. 왜냐하면 법인설립 시 법인의 주주인 주주 구성비율을 잘 배분해 놓는다면, 본인의 지분 이외의 지분에 해당하는 소득과 재산이 분산되기 때문에 부동산 법인설립 시 주주 구성비율의 분산으로 소득세나 상속세 및 증여세가 절세될 수 있습니다.

그냥 지금처럼 세금 많이 내고, 양도소득세로 신고하면 안 되나요?

아파트 등의 주택 또는 상가나 토지와 기타 부동산을 판매 시 일반적인 경우 양도소득세로 신고를 합니다(부동산을 취득할 수 있는 권리나 특정 주식 포함).

양도자의 부동산 판매가 계속적 반복적이지 않아서 사업성이 없다는 전제하에서는 이러한 양도소득세 신고는 문제가 없습니다. 하지만 이것이 사업성이 있다고 판단이 되는 경우, 양도소득세 신고는 큰 문제를 발생시킨다는 것을 주의해야 합니다.

종합과세 대상 소득

현행 소득세법은 개인의 소득을 8가지로 법에 열거해서 구분하고 있습니다. 이자소득·배당소득·사업소득(부동산 임대소득 포함)·근로소득·연금소득 및 기타소득의 6가지 소득은 종합소득으로 합산해서 과세하고 있습니다.

분류과세 대상 소득

양도소득과 퇴직소득에 대해서는 다른 소득과 합산해서 과세하지 않고, 별도로 각각 세금신고를 하도록 하고 있습니다.

종합소득에 합산 VS 양도소득으로 종결

부동산 소득이 계속 반복적으로 발생해서 사업성을 가지면 종합소득에 합산되는데, 이렇게 종합소득으로 합산 과세되는 경우와 양도소득으로 구분되어 합산되지 않는 경우, 세금 차이가 많이 발생할 수 있습니다.

종합소득에 합산되는 경우, 다른 소득이 있는 상태에서 부동산 소득이 추가되므로 누진세율 체계하에는 높은 세율을 적용받을 수 있기 때문입니다. 이는 양도소득세 신고 시 다주택 중과세율을 적용받는 것과 같습니다.

양도소득으로 구분해야 한다는 주장

종합소득과세는 1년 동안(1/1~12/31) 발생한 소득을 매년 단위로 계산해서 누진세율을 적용하기 때문에 낮은 세율은 매년 반복적으로 적용됩니다. 따라서 부동산 소득도 매년 발생한 소득을 계산할 수 있다면, 매년 낮은 누진세율을 적용받을 수 있으므로 다른 소득과 합산해서 계산하는 것도 합당해 보입니다.

하지만 양도소득(퇴직소득)은 다년간 누적된 소득이 한꺼번에 발생합니다. 금액 역시 매우 크기 때문에 누진세율을 적용해서 과세한다면, 억울하게 세금이 커지는 불합리한 결과가 발생합니다(결집효과). 따라서 부동산 매매소득을 종합소득에 합산해 과세하는 것은 합리적이지 않습니다.

양도소득금액은 매년 부동산 상승액을 계산해서 합산하는 경우와 전체 소득을 한 번에 계산하는 경우 그 금액은 같지만, 누진세율 적용 시 전체 소득을 계산하는 경우 높은 세율이 적용되므로, 세금이 커지는 불합리한 결과를 가져오게 됩니다.

부동산 양도소득은 이러한 결집효과를 방지하기 위해 다른 종합소득과 합산해서 과세하지 않으며, 장기보유특별공제를 적용합니다.

사업소득으로 구분해서 과세해야 한다는 주장에 대한 근거

다른 소득도 계속 반복적으로 발생해서 사업성이 있으면, 종합소득에 합산해 과세를 하는데, 부동산 매매소득만 양도소득으로 별도 분류 과세가 된다면, 과세형평에 위배됩니다. 따라서 양도소득으로 과세하는 것은 맞지 않습니다. 모든 소득을 종합해서 누진세율을 적용해서 과세하는 것이 높은 세율이 적용되어 부담능력에 따른 과세형평성을 실현하는 데 이상적입니다.

물론 계속 반복적으로 판매하지 않는다면, 양도소득으로 과세하는 것이 그 취지에 맞다고 할 것입니다.

양도소득세로 신고를 할 것인가? 사업소득으로 신고를 할 것인가?

양도소득세로 신고할 것인지, 사업소득세로 신고할 것인지에 대해서는 선택사항이 아닙니다. 물론 양도소득으로 신고는 할 수 있으나, 이후 세무서에서 사업소득으로 신고를 다시 하라는 안내문을 받을 수 있습니다. 이러한 안내문을 받은 경우, 추가세금에 가산세까지 붙여서 납부를 해야 하므로, 신고방식에 대해서도 충분한 판단이 필요해 보입니다.

사업소득 또는 양도소득의 판단 기준

부동산의 보유 수량 및 매도 횟수 등을 감안해서 먼저 사업성 유무를 파악한 뒤 매도로 인해서 발생하는 세금 계산을 한 다음, 수익률을 계산한 이후 부동산 매도를 해야 합니다.

부동산의 매매로 인한 소득이 사업소득 또는 양도소득인지 여부는 그 매매가 수익을 목적으로 하고 있는지, 또는 규모·횟수·태양 등에 비추어 사업 활동으로 볼 수 있을 정도의 계속성과 반복성이 있는지 등을 고려해서 판단합니다.

부동산 매매소득의 사업소득 판단사례

(대법 86누138, 1987.4.14)

개인이 사업자등록을 하지 않고 부동산을 계속해서 반복적으로 양도했다면, 그 개인은 세법상 사업자인지, 사업자가 아닌지의 구분이 필요합니다. 부동산 매매로 인한 소득이 사업소득에 해당해서 소득세를 다른 소득과 합산해서 종합소득세 신고를 해야 하는지, 아니면 양도소득소득에 해당해서 양도소득세로 신고를 해야 하는지의 구분이 필요한데 그 구분이 어렵습니다.

왜냐하면 사업자등록과 같은 형식적인 요건을 기준으로 사업소득인지, 양도소득인지를 판정하는 것이 아니고, 이것을 사업활동으로 볼 수 있을 정도로 계속성과 반복성이 있을 때 비로소 사업소득으로 구분하기 때문입니다.

사업소득을 양도소득으로 신고 시 문제점

잘못된 판단으로 인해서 사업소득으로 신고해야 할 것을 양도소득세로 잘못 신고를 할 경우, 다음과 같은 세금폭탄을 부과받을 수 있으므로 주의해야 합니다.

- 양도소득세로 신고한 소득이 종합소득(사업소득)으로 포함이 되며, 다른 소득이 존재하는 경우(특히 근로소득), 누진세율 적용으로 인한 높은 세율 적용으로 세금이 증가됩니다.
- 부가가치세 과세 대상인 경우 과도한 세금 부담이 있습니다.
- 잘못된 신고로 인한 가산세 부담이 있습니다.
- 건강보험료 등 4대보험의 부담이 있습니다.

부가가치세법집행기준 2-4-5(부동산 매매업의 범위)

1 부동산의 매매 또는 중개를 목적으로 나타내어 부동산을 판매하는 경우에는 부동산의 취득과 매매 횟수에 관계없이 부동산 매매업에 해당한다.

2 사업 목적으로 1과세기간에 1회 이상 부동산을 취득하고, 2회 이상 판매하는 경우와 과세기간별 취득 횟수나 판매 횟수에 관계없이 부동산의 규모, 횟수, 태양 등에 비추어 사업활동으로 볼 수 있는 정도의 계속성과 반복성이 있는 때에는 부동산 매매업에 해당한다.

3 부동산 매매업을 영위하는 사업자가 분양 목적으로 신축한 건축물이 분양되지 아니해 일시적·잠정적으로 임대하다가 양도하는 경우에는 부동산 매매업에 해당한다.

주택임대업에 사용하는 부동산은 판매 시 사업성이 있다고 판단하나요?

복식부기 의무자가 사업용 유형 자산(=부동산)의 처분으로 발생하는 이익은 사업수익으로, 사업용 유형자산의 처분으로 발생하는 손실은 사업비용에 포함시켜 소득을 계산합니다. 다만, 토지 또는 건물(건물에 부속된 시설물과 구축물 포함)을 처분해서 양도소득으로 과세되는 경우에는 포함시키지 않습니다.

즉 부동산 임대사업에 사용하는 부동산을 판매 시 양도소득으로 과세됩니다. 하지만 여기에서 말하고 있는 것은 부동산 임대사업에 해당하는 것이며, 부동산 매매업의 부동산은 양도소득세로 신고하면 문제가 발생할 수 있습니다.

따라서 부동산 임대업에 사용하는 부동산인지, 부동산 매매업에서 사용하는 부동산인지의 구분이 먼저 결정되어야 신고 유형 또한 결정 됩니다.

부동산 보유가 부동산 매매목적인지, 부동산 임대목적인지의 구분

❶ 판매목적이나 일시적으로 임대를 하고 있는 경우

소득세집행기준19-0-8[판매목적으로 취득한 부동산의 일시대여소득의 구분]

19-0-8 [판매목적으로 취득한 부동산의 일시대여소득의 구분]

① 부동산 매매업 또는 건설업자가 판매를 목적으로 취득한 토지 등의 부동산을 일시적으로 대여하고 얻는 소득은 부동산 임대업에서 발생하는 소득으로 본다 (2014. 11. 30 개정).

② 제1항의 경우 부동산 임대업의 소득금액계산상 필요경비에 산입된 감가상각비 등은 부동산 매매업자의 필요경비 계산 시 취득가액에서 공제한다(2014. 11. 30 개정).

❷ 판매목적이나 일시적으로 임대하는 경우

판매목적 부동산을 일시적으로 임대하다가 판매한 경우

부동산 매매업을 영위하는 사업자가 판매목적으로 취득한 건물을 판매할 때까지 일시적으로 임대하다가 판매한 경우, 부동산 매매업을 영위함이 사업자등록에 의해서 공적으로 확인되거나, 법인등기부등본에 의해서 공시되는 경우뿐 아니라, 분양공고문 기타 사실에 의해서 부동산 매매업을 독립된 사업으로 영위함이 확인되는 경우에는 부동산 매매업을 영위하는 것으로 보는 것이므로, 계약상 또는 법률상의 공급자가 세금 계산서를 발급하는 것이다(부가 22601-1656, 1990. 12. 18).

예를 들어, 부동산 매매업을 영위하는 사업자가 주상복합 아파트를 신축해서 분양하는 때로써 미분양으로 인해서 일시적으로 상가를 임대하면서 별도로 부동산 임대업 사업자등록을 하고, 부가가치세를 신고·납부하던 중 해당 상가가 분양된 경우에는 당초 부동산 매매업을 영위하는 사업장의 명의로 세금 계산서를 발급하고, 해당 사업장 관할 세무서장에게 부가가치세를 신고·납부하는 것이다(서면3팀-2054, 2004. 10. 8).

즉, 해당 상가가 분양된 경우에는 당초 부동산 매매업을 영위하는 사업장의 명의로 세금 계산서를 발급하고, 해당 사업장 관할 세무서장에게 부가가치세를 신고·납부하는 것이다(서면3팀-2054, 2004. 10. 8, 서면3팀-274, 2008. 2. 4).

결국 부동산 매매 또는 그 중개를 사업목적으로 나타낸 것이냐, 사업상의 목적이냐를 가리는 것은 그 목적이 갖는 예측성 또는 변화 가능성 때문에 획일적인 기준을 정할 수 없으므로, 그 목적이 사업자등록에 의해서 공적으로 확인되거나 법인등기부등본에 의해서 공시되는 경우뿐만 아니라, 그 목적이 대외적으로 공시되지 아니했다고 하더라도 분양공고문이나 사실에 의해서 그 목적이 확인되는 경우에는 그 확인된 목적에 따라 부동산 매매업의 조건 성취 여부를 검토해야 한다(소비 22601-900, 1985. 8. 30).

3 부동산 법인, 지금 내게 꼭 필요한가요?

복지재원 등의 급격한 지출예산 증가로 인해서 정부는 세금확보를 통한 새로운 수입예산을 마련하기 위해 노력하고 있습니다. 과거에는 주택의 보유와 임대소득과 관련한 세금에 크게 관심이 없었으며, 지출 예산이 충분히 주택 관련 세금 외 다른 세금으로 마련되었으므로, 의식주 중의 하나인 주택 관련 보유세나 주택 관련 임대소득에 관한 세금에 집중되지 않았습니다. 하지만 정부지출예산의 증가로 주택 관련 세금이 급격하게 증가하게 되었고, 이 때문에 현실에서 절세를 하기 위한 부동산 법인의 필요성에 대한 관심은 점점 더 커지고 있습니다.

부동산 법인에 대한 정확한 이해가 없기 때문에 정상적으로 검토하지 않고, 법인을 설립한 투자자들은 법인에 대해 부정적으로 이야기하기도 합니다. 왜냐하면 부동산 법인이 필요가 없는 경우이지만, 주위 사람들 이야기만 듣고 만들었기 때문에 부동산 법인이 아닌, 개인으로 신고했을 경우 보다 세금을 더 많이 부담하고 있기 때문입니다.

주택임대소득 발생 시 사업자등록 의무 신설

2019년 1월 1일부터 소득세가 과세되는 주택임대소득 발생 시 사업자등록 의무가 신설되었습니다. 이에 따라 새로이 주택을 취득할 때 개인이름으로 취득을 해야 할지, 아니면 법인이름으로 취득을 해야 할지에 대한 판단이 더 중요한 이슈가 되었습니다. 기존에는 주택임대소득자에 대해서는 주택임대소득에 소득세가 발생하지 않았으며, 사업자등록 의무 또한 없었기 때문에 주택에 대해서 판매 시에만 양도소득세로 신고하면 크게 문제가 되지 않았습니다.

개인사업자로 사업자등록을 할 경우 다른 소득이 존재한다면, 주택임대소득이 종합소득에 합산될 경우 중과세율이 적용되는 결과가 발생하며, 주택 취득 시 개인이름으로 취득한다면, 주택 관련 1세대 1주택 비과세 또한 적용받기가 어려워졌습니다. 이에 합법적 절세를 위한 부동산 법인의 필요성에 대해서 심각하게 고민을 해야 할 때가 온 것입니다.

부동산 관련 세금 증가

① 주택임대소득, 2019년 1월 1일부터 과세

과거에도 부부의 주택을 합산해서 2주택 이상자들에 대한 주택임대소득에 대한 세법 규정은 존재했습니다. 하지만 실제 과세를 하고 있지 않다가, 2019년 1월 1일 이후 발생하는 주택임대소득에 대해서 과세가 구체적으로 시행되었습니다.

② 재산세 및 종합부동산세 증가

정부는 종합부동산세의 과세대상을 크게 확대했습니다. 과거 종합부동산세가 과세되지 않던 사람들이 재산 크기는 변하지 않았음에도 불구하고, 과세 대상자가 되는 경우가 많아졌습니다. 또한 재산세와 종합부동산세 금액의 기준인 기준시가를 높여서 일단 종합부동산세 과세대상이 되었다면, 그 금액도 증가되었습니다.

③ 주택임대소득 발생으로 인한 건강보험료

과거에는 주택임대소득에 대해서는 세금을 부과하지 않았기 때문에 건강보험료가 발생하지 않았습니다. 그 후 주택임대소득이 2,000만 원 초과자에게 건강보험료를 부과를 하다가, 2019년부터 발생하는 주택임대소득은 2,000만 원 이하이더라도 건강보험료가 부과되어 주택을 보유하는 것에 대한 세금은 물론이고, 건강보험료 등 공과금도 증가하게 되었습니다.

부동산 법인의 필요성

부동산 법인이 누구에게나 절세를 가져오는 것은 아닙니다. 즉 보유하기만 하면 무엇이든 다 들어주는 램프의 요정이 아니라는 것입니다. 각자가 가지고 있는 상황이나 미래 계획에 따라 법인이 필요할 수도 있고, 필요 없을 수 있습니다.

❶ 부동산 법인의 설립과 운영을 통한 절세 노력

부동산 법인의 설립과 운영을 통한 절세를 위해서는 시간과 노력이 필요합니다. 부동산 법인은 법에 의해 인격을 부여받아야 하므로, 법원에 신청서를 작성하고 첨부서류를 제출해야 합니다. 또한, 사업자등록을 해야 합니다.

지속적인 절세를 위해서는 세법의 변화에 민감하게 반응을 해야 하므로, 남들보다 먼저 세법의 변화에 대해 공부를 해야 하며, 세무사 등의 조세전문가와 지속적인 상담을 해야 합니다. 물론 부동산 법인이 아니라 개인도 이러한 시간과 노력은 필요하겠지만, 부동산 법인을 통한 절세는 개인보다 훨씬 많은 시간과 노력이 필요합니다.

❷ 부동산 법인을 통한 절세 관련 비용 발생

부동산 법인을 통한 절세를 위해서는 비용이 발생됩니다. 개인세금에 대해서는 인터넷이나 관련 교재를 통해 정보를 얻기가 어렵지 않습니다. 하지만 법인을 통한 부동산 절세에 대해서는 개인보유 부동산에 대한 절세보다 많은 시간과 비용이 발생되기 때문에 이러한 지출의 발생을 아깝다고 생각하는 투자자들은 부동산 법인을 통한 절세가 어려울 수 있습니다.

사업을 하려면 자본이 있어야 하며, 부동산을 사고파는 행위를 반복적으로 하는 사업이기 때문에 절세를 위해서는 많은 노력과 비용이 발생됩니다. 더 큰 수익을 만들어내기 위해서 지출되는 비용을 '투자'라고 합니다. 이러한 시간과 노력과 비용에 대한 투자 없이 부동산 법인을 운영하기는 어렵습니다.

지금 부동산 사업자등록을 하면, 양도소득세를 줄일 수 있나요?

양도소득세는 소득세입니다. 소득세는 아래와 같이 먼저 소득을 계산해서 세율을 적용해 계산합니다.

$$
\begin{aligned}
& \quad 수익 \\
& \underline{-\ 비용} \\
& =\ 소득 \\
& \underline{\times\ 세율} \\
& =\ 세금
\end{aligned}
$$

왜 우리는 부동산 매매를 계속 반복적으로 사고, 판매를 하면서 사업자등록을 하려고 하지 않을까요? 그것은 양도소득세로 신고하는 것이 사업소득세로 신고하는 것보다 세금이 적게 발생한다는 생각 때문입니다.

양도소득세 신고 시 단점

부동산 투자자들이 부동산을 취득하고 단기 보유 후 양도 시 양도소득세가 적용될 때 단기매매세율이 적용됩니다.

- 양도한 부동산의 보유기간이 1년 미만인 경우 적용세율 : 55%(지방소득세 포함), (주택 및 조합원 입주권과 분양권 : 77%)
- 양도한 부동산의 보유기간이 1년 이상~2년 미만인 경우 적용세율 : 44%(주택 및 조합원 입주권과 분양권 66%)
- 양도한 부동산의 보유기간이 2년 이상인 경우 적용세율 : 누진세율(분양권 66%)

양도소득세 신고 시 장점

부동산 매매소득에 대한 세금이 양도소득세로 과세된다고 가정하면, 다른 종합과세 대상 소득과 합산해서 계산하지 않기 때문에 높은 누진세율이 부과되는 것을 피할 수 있습니다.

- 종합 과세되는 다른 소득이 많은 경우 양도소득세 과세가 유리합니다.
- 단기매매가 아니라 장기보유 시 양도소득세 과세가 유리합니다.

사업소득세 VS 양도소득세

양도소득세가 세금이 많이 발생할지, 사업소득세가 세금이 많이 발생할지는 경우에 따라 달라집니다. 따라서 딱 잘라 어떤 것이 유리하다는 정답은 없습니다. 세금이 계산되는 원리를 정확하게 이해해야 정확한 판단하에 절세를 할 수 있습니다.

주택이 2채입니다. 사업자등록을 해야 한다는데 맞는 말인가요?

주택임대사업자의 사업자등록 의무인가? 선택인가?

다주택자들을 만나 보면 주택임대사업자의 등록이 선택이라고 생각하는 분들이 대부분입니다. 이는 주택임대사업자등록 시 많은 혜택이 주어지는데, 그 혜택을 포기하면 사업자등록을 하지 않아도 된다고 생각을 하기 때문입니다 .

주택임대사업자의 사업자등록의 종류

주택임대사업자의 사업자등록은 크게 2가지로 구분이 됩니다.

❶ 국세청(=세무서)에 등록하는 사업자등록

2주택 이상자의 주택임대소득은 소득세가 과세되는 사업소득입니다. 세무서에 등록하는 사업자등록은 소득이 있는 자를 관리해서 세금을 신고받고, 납부받기 위해서 하는 의무적인 절차입니다.

❷ 지방자치단체에 등록하는 사업자등록

국가는 서민들의 주거 안정과 부동산 시장의 과열방지를 위해서 세무서에 해야 하는 사업자등록과는 별개로, 추가로 지방자치단체에 사업자등록을 할 수 있게 하고 있습니다. 지방자치단체에 등록하는 사업자등록은 각종 규제대상에서 제외하는 혜택과 세금감면의 혜택도 부여하고 있습니다. 반면 의무기간 이내 주택을 판매 시 혜택의 환수와 더불어 과태료까지 부과하고 있습니다.

〈단기임대사업자는 폐지되었으며, 장기임대사업자 역시 아파트는 등록할 수 없습니다.〉

세무서에 사업자등록을 하지 않을 시 과태료 부과

❶ 2019년 1월 1일 이전, 다주택자의 주택임대사업자등록

2018년 12월 31일까지 소득세법은 주택임대소득에 대해서는 사업자등록의무를 두고 있지 않았으나, 2주택 이상자의 주택임대소득의 세금 신고 납부의무는 존재했습니다.

② 2019년 1월 1일 이후, 다주택자의 주택임대사업자등록 의무 신설

세무서에서는 주택임대사업자의 사업자등록에 관련해서는 의무규정을 두고 있지 않다가, 2019년 1월 1일부터 소득세 과세대상 주택임대소득 발생 시 세무서의 사업자등록의무가 신설되었습니다. 따라서 과세가 되는 주택임대소득 발생 시 세무서에 사업자등록 신청을 해야 합니다.

③ 부동산 법인의 필요성

지금부터는 주택이 있는 상태에서 주택을 추가로 취득할 때 개인이름으로 취득을 해야 할지, 아니면 법인이름으로 취득을 해야 할지 판단 후 취득해야 합니다. 기존에는 주택임대소득자에 대해서는 사업자등록 의무가 없었고, 주택에 대해서는 양도소득세로 신고·납부했기 때문에 기존에 전혀 관심이 없던 추가선택의 문제가 발생합니다.

개인으로 사업자등록을 할 경우 다른 소득이 존재하는 경우라면, 주택임대소득이 누진세율을 적용받을 수 있기 때문에 중과세율이 적용되는 결과가 발생할 수 있습니다. 또한, 주택 취득 시 개인이름으로 취득한다면, 주택 관련 1세대 1주택 비과세 또한 적용받기가 힘들어지므로, 합법적 절세를 위한 법인의 필요성은 점점 증가한다고 생각해야 합니다.

6. 부동산 매매업, 개인사업자등록을 해도 양도소득세 신고를 해야 하나요?

우리는 부동산을 판매 후 남은 소득에 대해서 세금신고를 양도소득세로 신고하고 납부합니다. 하지만 부동산을 사고파는 횟수가 증가하면 부동산의 매도·매수는 사업성을 가지게 되는데, 사업성을 가진다는 것은 더 이상 양도소득세 신고가 아닌, 사업소득으로 신고를 해야 하므로 사업자등록을 해야 합니다.

부동산 매매 사업자는 토지나 건물을 판매시 양도소득세 예정신고에 해당하는 사업소득세 예정신고를 해야 하는데, 양도소득세 신고와 비슷하기 때문에 양도소득세 신고를 해야 하는 것으로 착각을 많이 합니다.

부동산 매매사업자의 예정신고 의무

부동산 매매업자는 토지 또는 건물의 매매차익과 그 세액을 양도일이 속하는 달의 말일부터 2개월이 되는 날까지 신고해야 하는데, 이러한 신고를 '토지 등 매매차익예정신고'라고 합니다. 토지 등의 매매차익이 없거나, 매매차손이 발생했을 때에도 신고는 해야 합니다.

즉 부동산 매매업으로 사업자등록을 하면, 양도소득세 신고는 더 이상 하지 않아도 됩니다. 하지만 양도소득세·예정신고를 신고해야 할 시점까지(양도일이 속하는 달의 말일부터 2월이내) 양도소득세 신고대상금액 상당액에 양도소득세율이 아닌, 사업소득세율을 적용해서 신고·납부를 해야 합니다.

양도소득세 예정신고와 차이

양도소득세 예정신고는 양도소득세율이 적용되기 때문에 주택의 경우 1년 미만 보유는 70% 세율을 적용해서 신고하고 납부해야 하며, 1년에서 2년 미만 보유는 60% 세율을 적용해서 신고하고 납부해야 합니다. 하지만 부동산 매매사업자의 예정신고는 양도소득세율이 아닌, 사업소득세율을 적용하기 때문에 단기매매를 하더라도 높은 세율이 적용되지 않습니다.

다만 분양권, 다주택자로서의 조정대상지역 내 주택 비사업용 토지, 미등기 양도자산은 종합소득세 확정신고 시 사업소득세와 양도소득세를 비교해 많은 금액으로 다시 신고해야 합니다(조정대상지역 주택 판매 시 적용되는 다주택자의 중과세율은 2022. 5. 10~2023. 5. 09 적용유예).

부동산 매매업 개인사업자의 예정신고 대상

부동산 매매업자의 예정신고의무

Q. 부동산 매매사업자의 경우 토지 등 매매차익 예정신고의무가 있는 것으로 알고 있습니다. 분양권도 신고를 해야 하나요?

A. 분양권이나 부동산을 취득할 수 있는 권리를 사업목적으로 계속해서 취득하고 양도하는 경우, 부동산 매매업에서 발생하는 소득입니다. 하지만 토지 등 매매차익 예정신고 의무대상 대상 자산은 토지와 건물이므로, 분양권의 양도는 토지 등 매매차익 예정신고 대상이 아닙니다.

부동산 매매업자의 토지 등 매매차익 예정신고의 계산

부동산 매매업자의 토지 등 매매차익에 대한 예정신고는 다음과 같이 매매차익을 먼저 계산하고, 계산된 양도차익에 사업소득 세율을 적용해서 계산합니다(장기보유특별공제 반영, 양도소득 기본공제 미반영).

① 토지 등 매매차익의 계산

판매가액

- 취득가액과 자본적 지출액
- 취득에 관한 소유권 등을 확보하기 위해서 직접 소요된 소송비용과 화해비용
- 당사자 약정에 의한 대금지급방법에 따라 취득원가에 이자상당액을 가산해서 거래가액을 확정하는 경우, 당해 이자상당액은 취득원가에 포함한다.
  다만, 당초 약정에 의한 거래가액의 지급기일의 지연으로 인해서 추가로 발생하는 이자상당액은 취득원가에 포함하지 아니한다.
- 증권거래세
- 양도소득세 과세표준 신고서 작성비용 및 계약서 작성비용
- 공증비용, 인지대 및 소개비
- 매매계약에 따른 인도의무를 이행하기 위해서 양도자가 지출하는 명도비용
- 토지와 건물 취득 시 의무적으로 매입한 국민주택채권 및 토지개발채권을 만기 전 양도 시 발생하는 매각차손
- 건설자금에 충당한 금액의 이자
- 토지 등의 매도로 인해서 법률에 의해서 지급하는 공과금
- 장기보유특별공제액(다주택자·미등기 제외)

② 세율 : 예정신고는 단기매매세율 미적용

기본세율	6~45%
비사업용 토지	기본세율에 10% 가산, 16~55%
미등기 양도자산	70%
분양권·조정대상지역 다주택	중과세율

7 부동산 법인은 지금 만들어야 종합부동산세나 건강보험료를 더 줄일 수 있나요?

재산은 한 바구니에 담지 마라

개인의 세금은 대부분 누진세율로 부과가 됩니다. 즉 재산이나 소득이 많으면 많을수록 더 많이 발생하는 구조로 되어 있습니다.

예를 들면 100원의 소득이 발생한 사람이 소득세를 10원을 낸다면, 200원의 소득이 발생한 사람, 즉 2배의 소득을 발생시킨 사람의 세금은 2배인 20원이 아니라 4배를 부담할 수 있는 것이 누진세율입니다.

건강보험료 가입대상자는 지역가입자와 직장가입자로 구분됩니다. 직장가입자는 소득 기준으로 부과가 되는 반면, 지역가입자는 재산도 부과기준에 포함이 됩니다. 따라서 재산이나 소득은 한 바구니(한 사람 명의)에 담으면 비용(재산세와 종합부동산세 및 건강보험료)이 누진세 체계에서는 크게 늘어날 수 있습니다.

재산과 소득의 분산

한 사람 명의로 재산과 소득을 발생시키지 않으려면, 다른 사람의 명의가 필요합니다. 하지만 다른 사람의 명의를 빌려서 사용하는 것은 문제가 많고, 빌려주는 사람 입장에서도 본인 이름으로 재산이 누적되기 때문에 명의대여를 하는 자의 세금과 공과금(= 건강보험료 등)이 증가하게 됩니다. 따라서 명의를 빌려 오는 것도 쉽지 않습니다.

또한, 명의를 빌려 사업을 하거나 부동산을 취득하는 것은 명백한 불법이며, 많은 문제를 불러오게 되고, 법에 의해 처벌을 받게 됩니다. 사업자등록을 할 때나 부동산을 취득하는 경우, 다른 사람의 명의를 빌려오는 것은 절대로 해서는 안 됩니다.

부동산 법인의 활용

부동산 법인을 보유한다는 것은 법원에서 법에 의해 인격을 부여한 합법적인 또 다른 명의를 보유하는 것과 같습니다. 부동산 법인을 만들어 개인의 주민등록번호가 아닌, 법인등록번호로 부동산을 취득해서 양도하거나 사업자등록을 만들어 사업을 한다면, 개인의 재산이나 소득을 다른 바구니에 담을 수 있게 됩니다. 따라서 높은 누진세율을 피할 수 있기 때문에 국가에 납부할 세금이나 공단의 공과금을 줄일 수 있습니다.

국가나 공단에 납부할 세금을 법인이 계속 보유할 수 있어 더 큰 투자에 활용할 수 있으며, 이는 법인을 통해 더 큰 수익 창출이 가능하다는 것을 의미합니다.

부동산 법인을 통해 상속세와 증여세를 절세할 수 있나요?

세금의 종착역은 상속세입니다. 죽어서도 해결되지 않는 것이 세금이기 때문입니다. 대기업의 회장님들이나 수많은 자산가들이 가장 억울하게 생각하고 무서워하는 세금이 상속세입니다. 준비 없는 죽음을 맞으면 고인이 남기고 간 재산의 50% 정도의 상속세가 발생합니다. 하지만 부동산 법인을 통해 준비를 한다면, 상속세 역시 절세가 가능합니다.

법인설립 시 상속세 절세의 준비

법인을 설립할 때 법인의 주주를 결정해야 합니다. 상속세 절세를 위해서는 최초의 주식 보유비율(법인의 주인 된 비율)을 결정할 때 재산이 많은 사람은 주식을 최소한으로 보유하고, 재산이 없는 자녀의 주식 보유비율은 많이 해야 합니다. 그러면 법인설립 후 벌어들이는 소득과 재산은 법인 명의로 귀속되지만, 그 법인의 주인은 자녀들이 대부분이기 때문에 재산가가 사망하더라도 이미 재산이 분리가 된 결과로 상속세가 절세됩니다.

법인전환 시 상속세 절세의 준비

부동산의 재산가치가 미래에 많이 상승할 부동산을 보유하고 있다면, 이 또한 부동산 법인으로 전환해서 미래에 발생할 소득을 자녀에게 미리 옮겨 놓을 수 있습니다.

　아직까지 부동산 가치가 많이 상승하지 않았기 때문에 자녀 명의의 부동산 법인을 만들고 그 부동산을 법인에 판매한다면, 그 이후 가치 상승만큼은 개인의 재산에서 줄어들게 되므로 상속세를 줄이는 효과가 있습니다.

 ## 부동산 법인으로 절세한 돈, 보험에 가입하면 상속세 절세가 가능한가요?

　법인에 적용되는 세율은 부동산을 양도해서 양도소득세로 신고할 때 적용되는 세율과 개인사업자인 부동산 매매업을 운영해서 사업소득세로 신고할 때 적용되는 세율에 비해서 낮기 때문에 1차적으로는 국가에 납부해야 할 세금이 줄어듭니다. 결론은 국가에 납부해야 할 세금을 일부분은 법인에서 보유할 수 있다는 것입니다.

국가에 내야 할 세금의 활용

　법인의 돈은 개인화할 때 세금이 추가로 발생할 수 있습니다. 하지만 개인화하지 않고, 법인 안에서 활용을 한다면, 더 큰 수익을 법인에서 발생시킬 수 있습니다.

법인에서 자금을 활용하는 방법은 여러 가지가 있으나, 법인의 자금을 단기자금과 장기자금으로 구분해서 단기자금은 운영자금으로 활용을 하고, 장기자금은 보험에 가입하는 것 또한 좋은 방법 중 하나입니다.

보험을 이용한 상속세 재원 마련

국세청에서 발간하는 절세안내 책자인 《세금절약 가이드》라는 책자에서는 보험을 활용한 상속세 재원 마련을 강조하고 있습니다. 상속세는 특정인의 사망으로 특정인의 재산에 과세되는 세금입니다. 상속세의 납세의무는 특정인의 사망 시 발생하는데, 이때 누가 돈을 좀 준다면 그 돈으로 상속세를 납부하기가 쉬운데, 사망 시 누가 돈을 합법적으로 줄 상황은 발생하지 않습니다. 이때를 대비해서 세금을 줄인 돈으로 보험을 가입한다면, 사망 시 보험회사에서 법인으로 큰돈이 지급됩니다.

물론 이 돈은 법인의 돈이기 때문에 법인세와 상속세가 추가로 발생할 수 있습니다. 하지만 이 돈에서 세금을 차감하고도 여유자금이 발생하기 때문에 이 돈이 없었더라면 납부해야 할 세금의 부담을 줄일 수 있으며, 자금 확보를 못해서 발생하는 위험을 줄일 수 있습니다.

상속세는 사망을 한 경우 상속받은 재산에 대하여 내는 세금으로, 언제 사망을 할지, 또 사망할 당시의 재산이 얼마나 될지 등을 알 수 없기 때문에 세금계획(Tax Planning)을 세우기가 쉽지 않다. 그렇다고 아무런 대비도 하지 않고 있다가 갑자기 상속이 개시되면 안 내도 될 세금을 내야 하는 경우가 생긴다.

상속세 세금계획은 상속인인 자녀들이 세우기가 매우 곤란하다. 부모가 생존해 계시는데, 사망을 전제로 하여 계획을 세운다는 것이 불효를 저지르는 것으로 보여지기 때문에 재산의 분배처분 등에 대한 결정은 피상속인이 생전에 해야 한다.

상속인들이 할 수 있는 방법이라야 상속이 개시되고 나서 세법에서 인정하고 있는 각종 공제제도를 최대한 활용하는 것인데, 이는 근본적인 대책이 못된다. 따라서 상속세 세금계획은 피상속인이 세워서 대비하는 것이 바람직하다.

출처 : 《2017 세금절약 가이드 Ⅱ》, 상속·증여세/양도소득세 편, p.179

다음은 상속자금의 대책마련에 관련된 내용입니다.

상속세는 과세미달자가 대부분이지만, 과세되는 경우 수억 원, 수십 억 원 등 고액 납세자가 많이 발생한다. 따라서 납세자금 대책을 마련해놓지 않으면 상속재산을 처분해야 하거나 공매처리 하는 상황이 발생할 수도 있다.

자녀 명의로 보장성 보험을 들어놓는다든지, 사전증여 등으로 세금을 납부할 수 있는 능력을 키워 놓는다든지, 아니면 연부연납 또는 물납을 하도록 할 것인지 등 납세자금대책이 검토되어야 한다.

이와 같이 상속세 세금계획은 검토해야 할 사항도 많고, 절세 효과를 따져보는 것도 매우 복잡하다. 따라서 상속세 세금계획을 세우고, 이를 시행할 때는 전문가의 도움을 받는 것이 좋다. 또한 상속세 세금계획은 단시일 내에 시행할 수 있는 것만으로는 효과가 크지 않으며, 10년 이상의 장기간에 걸쳐 시행해야 효과가 크므로 하루라도 빨리 계획을 수립하여 시행하는 것이 좋다.

출처 : 《2016 세금절약 가이드 Ⅱ》, 상속·증여세/양도소득세 편, p.166

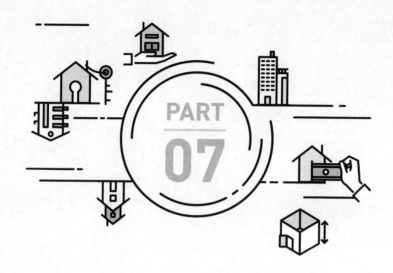

PART

07

WHY

부동산 법인,
왜 만들어야 하나요?

WHY
01

부동산 법인을
왜 해야 하나요?

부동산 투자자들은 부동산 법인을 왜 해야 하나요?

이유는 여러 가지가 있으나 그중 최고의 목적은 절세이며, 이를 의심하는 투자자는 없습니다. 부동산 법인을 통한 절세 검토 대상 세금 등은 다음과 같습니다.

---

① 취득세

② 재산세 및 종합부동산세

③ 건강보험료 등

④ 소득세
- 양도소득세
- 사업소득세
- 법인소득세

⑤ 상속세 및 증여세

아무리 예쁘고 멋있는 옷이라도 본인에게 맞지 않으면 구매하지 않습니다. 물론 구매를 해서도 안 됩니다. 부동산 법인도 다르지 않다고

생각합니다. 분명 부동산 법인을 통해서 절세를 할 수 있는 것은 틀림없습니다. 하지만 먼저 부동산 법인을 통해 절세를 할 의도가 있는지, 없는지를 판단하는 것이 부동산 법인을 하기 위해 투자자들이 할 첫 번째 선택입니다.

부동산 법인이라는 옷이 맞지 않는다면 빨리 포기하는 것도 부동산 법인을 공부하는 이유가 됩니다.

 ## 2 양도소득세를 줄일 수 있는 방법은 없나요?

양도소득세를 줄이기 위해서 제일 먼저 해야 할 일은 양도소득세가 얼마가 발생하는지를 정확하게 계산하는 것입니다. 양도소득세의 계산식은 아래와 같습니다.

양도소득세 계산과정
양도가액
− 필요경비
= 양도차익
− 장기보유 특별공제
= 양도소득금액
− 양도소득 기본공제
= 양도소득 과세표준
× 세율
= 양도소득세 등

앞의 양도소득세 계산식은 복잡한 구조로 되어 있지만 그 원리는 간단합니다. 소득세이므로 수익에서 비용을 차감해서 소득을 계산하고, 그 소득에서 세율을 곱하면 소득세가 계산이 됩니다.

$$
\begin{array}{r}
수익 \\
- 비용 \\
\hline
= 소득 \\
\times 세율 \\
\hline
= 세금
\end{array}
$$

양도소득세 절세 위해 세금 계산 원리 이해하기

절세는 위의 계산식에서 잘 나타나듯 수익을 줄이거나 비용을 늘려서 소득을 줄여야 하며, 세율 또한 적은 세율을 적용받는 방법이 양도소득세 절세의 기본입니다.

❶ 수익을 줄여 부동산 양도소득을 줄이기

수익은 1년간 발생하는 부동산 양도금액을 합해서 계산하므로 한 해에 2개의 부동산을 판매하는 것보다 1년에 각 1개의 부동산을 판매한다면, 누진세율 체계하에서 절세 효과가 발생됩니다.

반면 인위적으로 수익을 감소시켜 세금을 줄이려는 것은 현명한 판단이 아닙니다. 세금은 증가된 수익 중 일부만 발생하기 때문에 더 높게 판매를 해서 세금을 더 내는 방법을 선택하는 것이 현명한 판단이고, 더 많이 남기는 것이 방법입니다.

② 비용을 늘려 부동산 양도소득 줄이기

양도소득세는 수익에서 차감하는 비용의 범위가 한정적입니다. 수익에서 차감하는 비용의 범위가 늘어나는 부동산 매매업 개인사업자나 부동산 법인으로 검토하는 것이 좋은 절세 방법입니다.

③ 부동산 양도소득 줄이기

앞의 경우처럼 수익을 낮추거나 비용을 늘리면 소득이 줄어들어 절세가 가능합니다. 부동산 양도로 손해가 발생한 경우라면, 손해가 발생한 연도에 부동산 양도 소득, 즉 이익이 발생한 다른 부동산을 판매하면 손해와 이익(소득)이 정산되어 양도소득세를 줄일 수 있습니다.

④ 세율 낮추기

법인세율은 양도소득세율과 개인사업자의 부동산 사업 소득세율보다 낮습니다. 따라서 부동산 법인을 활용하는 것도 좋은 절세방법 중 하나입니다. 하지만 모든 경우가 다 부동산 법인이 좋은 것은 아니므로, 큰 틀에서 법인은 세율이 낮다는 것을 확인하고, 부동산 취득 전에 전문가와 상담을 통해 개인이름으로 부동산을 취득할지, 법인이름으로 취득할지를 결정해야 합니다.

3. 부동산 양도소득, 부동산 매매사업자 등록을 하면 줄어드나요?

양도소득세와 사업소득세의 비교

소득을 줄여 세금을 줄이려면 비용을 증가시켜야 하고, 세율을 감소시켜야 합니다.

❶ 비용

양도소득세 계산과정에서 인정되는 경비는 상당히 제한적입니다. 하지만 사업소득 계산에서 인정되는 경비는 부동산 사업과 관련해서 발생하는 대부분의 경비가 인정되므로, 수익에서 차감하는 비용이 크게 증가합니다. 따라서 비용 측면에서는 양도소득보다 부동산 매매 개인사업자의 소득으로 신고하는 것이 훨씬 유리합니다.

• 양도소득세

보유기간 중 지출된 비용에 대한 인정 항목이 제한적입니다.

- 확장비용
- 냉난방시설 교체비용
- 새시 교체비용

• 사업소득세

비용인정 항목이 다양합니다. 사업관련 지출이면 대부분 인정됩니다.

- 공인중개사와 식사한 식대(=접대비)

- 부동산 임장을 위한 출장비(=여비 교통비)

- 차량의 취득이나 유지비(=차량유지비)

② 세율

• 단기매매세율과 중과세율이 적용되는 양도소득세

부동산을 1년 미만 보유 시 55%가 적용되며, 1년 이상 2년 미만 보유 시 44%가 적용됩니다. 또한, 2년 이상 보유한 조정대상지역의 주택을 양도할 때 보유주택수가 2주택인 경우 22% 추가과세가 되고, 3주택 이상인 경우 33% 추가과세 됩니다.

(주택과 주택을 취득할 수 있는 조합원입주권, 주택분양권은 1년 미만 보유 시 77%, 1~2년 미만 66%) (분양권은 2년 이상 보유 시에도 적용 세율 66%)

(2주택·3주택의 다주택 중과세율은 2022년 5월 10일~2023년 5월 9일까지 중과 유예)

• 단기매매세율과 중과세율이 적용되지 않는 개인사업소득세

부동산 매매 개인사업소득세는 단기매매세율이 적용되지 않습니다. 사업소득세는 단기매매세율이 적용되지 않기 때문에 세율 적용 측면에 있어서도 사업소득이 양도소득보다 절세 효과가 크다고 할 수 있습니다.

종합(=사업)소득세율	
	(단기매매세율 없음)

종합소득 과세표준	세율
1,200만 원 이하	6%
1,200만 원 초과~4,600만 원 이하	15%
4,600만 원 초과~8,800만 원 이하	24%
8,800만 원 초과~1억 5,000만 원 이하	35%
1억 5,000만 원 초과~3억 원 이하	38%
3억 원 초과~5억 원 이하	40%
5억 원 초과~10억 원 이하	42%
10억 원 초과	45%

단, 세액계산 특례 시 양도소득세와 비교해서 둘 중 큰 세금으로 부담할 수 있습니다.

특정 부동산의 매도에 의해 손실이 발생할 경우

❶ 양도소득

양도소득은 매도에 의한 손실이 발생 시 손실효과는 그해가 지나면 소멸됩니다. 특정 부동산의 매도에 의해 이익이 아닌 손실이 발생할 경우, 발생 연도 내에서 다른 자산의 양도소득 발생 시 차감되어 양도소득세를 줄이는 역할을 합니다. 하지만 손실이 발생한 부동산의 판매연도가 지나버리면, 다음 연도부터는 그 손실효과가 없어지기 때문에 이러한 효과가 오래가지 않습니다.

❷ 사업소득

특정 부동산의 매도에 의해 이익이 아닌 손실이 발생할 경우, 발생연도 뿐 아니라 이후 15년 동안 부동산 매도에 의한 이익 발생 시 공제됩니다.

부동산 매매 개인사업자가 양도소득세 신고에 비해 항상 유리한 것은 아니라면서요?

양도소득세와 세금이 같거나 많은 경우

특정 부동산은 양도소득세 절세를 위해서 부동산 매매업 개인사업자 등록 후 매매해서 사업소득세로 신고하더라도, 양도소득세로 신고하는 것과 사업소득세로 신고하는 것을 비교해서 둘 중 많은 세금을 과세 받습니다. 즉 부동산 매매업 개인사업자가 모든 부동산의 절세를 가져오는 것은 아님을 알아야 합니다.

부동산 매매업자에 대한 세액계산특례
(주택매매차익 등에 대한 비교과세)

국세청에서는 부동산 매매업을 영위하는 경우로 특정 주택매매차익이 있는 경우, 주택매매차익에 대한 소득은 양도소득세와 사업소득세 둘 중 큰 금액을 신고 납부하는 제도를 마련했습니다. 주택매매사업자가 다음 부동산을 매매 시 사업소득세와 양도소득세 중 큰 금액을 세금으로 신고합니다.

- 조정대상지역 내 주택
- 분양권
- 미등기양도자산
- 비사업용 토지

토지 등 매매차익 예정신고

부동산 매매업 개인사업자등록 후 토지·건물을 매매하는 경우에는 양도소득세와 유사한 신고를 양도소득세 예정신고를 하는 날까지 신고를 하고, 납부를 해야 합니다. 이를 토지 등 매매차익 예정신고라고 하는데, 예정신고를 하지 않을 경우 가산세가 발생합니다.

부동산 매매업 개인사업자 등록을 해도 신고와 납부시기는 양도소득세와 같다

부동산 매매업자는 토지 등(토지 건물)의 매매차익과 그 세액을 매매일이 속하는 달의 말일부터 2개월이 되는 날까지 납세지 관할세무서장에게 신고하고, 그 세액을 납부해야 합니다(토지 등 매매차익이 없거나 매매차손이 발생한 때에도 신고의무 존재).

토지 등 매매차익 예정신고를 하지 않으면 무신고 가산세가 발생하므로, 반드시 신고와 납부를 해야 합니다.

MAX[무신고 납부세액×20%, 수입금액×7/10,000]

비교산출세액 계산 대상 부동산 매매업

비주거용 건설업	비교산출세액 계산 없음 (단, 자영건설만 비교산출세액 계산 대상)
주거용 건설업, 주거용 건물 개발 및 공급업	건설업으로 비교산출세액 계산 없음 (구입한 주택의 재판매는 비교산출세액 계산 대상)
비주거용 건물개발 공급업	비교산출세액 계산 대상
주거용 건물 구입 후 재판매업	비교산출세액 계산 대상

부동산 매매 개인사업자보다 부동산 법인이 더 절세가 되나요?

부동산 매매 개인사업자의 예정신고의무가 없는 부동산 법인

부동산 법인의 경우는 개인과는 다르게 예정신고 납부 의무가 없습니다. 또한 1월 1일부터 12월 31일까지의 부동산 매매소득에 대한 세금을 3월 31일까지 신고하고, 납부합니다. 그렇기 때문에 부동산 매매 개인사업자였다면 납부하고, 남아 있지 않아야 할 돈을 투자하는 데 사용할 수 있습니다.

주택매매차익 등에 대한 비교산출세액 특례규정이 없는 부동산 법인

개인양도소득세를 절세하고자 부동산 매매사업자등록을 한다고 하더라도, 특정 부동산의 경우에는 다시 양도소득세를 계산해서 양도소득세와 사업소득세 중 큰 금액을 신고하고, 납부를 해야 합니다. 하지만 부동산 법인은 주택매매차익 등에 대한 비교과세가 적용되지 않습니다.

부동산 매매 개인사업자에 비해 낮은 세율을 적용받는 부동산 법인

부동산 법인이 부동산 매매 개인사업자에 비해 세금을 줄일 수 있는

가장 큰 원리는 세율입니다. 즉 양도소득세나 부동산 매매업 개인사업
자에게 적용되는 세율보다 부동산 법인의 법인세율이 크게 작기 때문
에 부동산 투자를 계속하려는 투자자들에게 큰 절세를 가져올 수 있는
가장 큰 이유가 됩니다.

　개인소득세율이나 법인세율의 공통점은 누진세율의 적용입니
다. 하지만 개인소득세율은 최고 45% + 4.5%(지방소득세) + 33%(다
주택중과세율)의 높은 세율로 세금이 계산되는 반면, 법인세율은 최고
25% + 2.5%(지방소득세) + 20% + 2%가 적용됩니다. 토지 등 양도소득
에 대한 법인세의 세율(20% + 2%)이 적용된다 하더라도 개인에 비해 절
세 효과가 크게 작용합니다.

① 부동산 매매 개인사업자의 소득세율

개인사업자의 누진세율(8단계 초과누진세율)

과세표준	세율
1,200만 원 이하	6%
1,200만 원 초과～4,600만 원 이하	15%
4,600만 원 초과～8,800만 원 이하	24%
8,800만 원 초과～1억 5,000만 원 이하	35%
1억 5,000만 원 초과～3억 원 이하	38%
3억 원 초과～5억 원 이하	40%
5억 원 초과～10억 원 이하	42%
10억 원 초과	45%

② 부동산 법인의 법인세율

4단계 초과누진세율

과세표준	세율
2억 원 이하	10%
2억 원 초과~200억 원 이하	20%
200억 원 초과~3,000억 원 이하	22%
3,000억 원 초과	25%

 사례를 통해 양도소득세와 부동산 매매 개인사업자의 세금과 부동산 법인의 세금을 계산해줄 수 있나요?

부동산을 취득 후 보유과정 및 양도시점에 발생하는 세금은 사업자 등록을 하지 않은 개인과 개인사업자등록을 한 경우의 세금 및 부동산 법인의 세금과 큰 차이가 발생할 수 있습니다.

부동산 판매로 인한 세금 중 사업자등록을 하지 않고, 양도소득을 기준으로 계산된 양도소득세와 개인사업소득세, 부동산 법인에서 발생하는 세금에 대해 구체적인 숫자를 기준으로 그 차이를 알아보도록 하겠습니다.

다른 소득이 없다는 가정하에 보유기간 1년인 상가를 매도 시 세금 계산입니다.

소득은 가정에 의해서 1억 원이 발생된 것으로 합니다.

$$\begin{array}{r} 수익 \\ - 비용 \\ \hline = 소득 \end{array}$$

❶ 부동산 매매소득의 가정

1억 원의 소득 발생 시 세금을 비교하면, 다음과 같은 세금이 각각 발생됩니다.

양도소득세율
• 부동산 보유기간이 1년 미만 : 55%(주택·조합원입주권·분양권 : 77%)
• 부동산 보유기간이 2년 미만 : 44%(주택·조합원입주권·분양권 : 66%)
• 부동산 보유기간이 2년 이상 : 일반세율(= 누진세율) (분양권) : 66%)
• 조정대상지역 2주택 : 22% 추가
• 조정대상지역 3주택 : 33% 추가

❷ 양도소득세와 개인사업소득세와 법인세의 계산

• 양도소득세

　　1억 원 × 55% = 55,000,000원(지방소득세 포함)

소득은 가정에 의해서 1억 원이 발생된 것으로 합니다.

$$\begin{array}{r} \text{수익} \\ -\text{비용} \\ \hline =\text{소득} \end{array}$$

• 개인사업자의 사업소득세

1억 원 × 누진세율(%) = 20,100,000원 + 2,010,000원 = 22,110,000원

조정대상지역의 주택(조합원입주권)이나 분양권이 아니라 상가이므로 부동산 매매업자에 대한 세금 계산 특례적용은 없습니다.

소득은 가정에 의해서 1억 원이 발생된 것으로 합니다.

$$\begin{array}{r} \text{수익} \\ -\text{비용} \\ \hline =\text{소득} \end{array}$$

개인사업자의 종합소득세율

종합소득 과세표준	세율	누진공제
1,200만 원 이하	6%	
1,200만 원 초과~4,600만 원 이하	15%	108만 원
4,600만 원 초과~8,800만 원 이하	24%	522만 원
8,800만 원 초과~1억 5,000만 원 이하	35%	1,490만 원
1억 5,000만 원 초과~3억 원 이하	38%	1,940만 원
3억 원 초과~5억 원 이하	40%	2,540만 원
5억 원 초과~10억 원 이하	42%	3,540만 원
10억 원 초과	45%	6,540만 원

• 부동산 법인의 법인소득세

- 각 사업연도 소득에 대한 법인세

1억 원×11%=11,000,000원

- 토지 등 양도소득에 대한 법인세

토지 등 양도소득에 대한 법인세는 주택이나 토지가 아니므로

없습니다.

❸ 양도소득세 VS 사업소득세 VS 법인세

국세청(=세무서)에 납부되는 국세와 지방자치단체에 납부되는 지방소
득세를 포함합니다.

양도소득세의 계산	개인소득세의 계산	법인소득세의 계산
1억 원×55% =55,000,000원 55%	1억 원×누진세율% =22,110,000원 35%-14,900,000원	1억 원×11% =11,000,000원 11%

다른 소득이 있을 때와 없을 때 각각 구분해서 양도소득세와 개인사업소득세, 법인세를 다시 비교해줄 수 있나요?

부동산 법인이 부동산 매매 개인사업자보다 절세에 있어서 어떠한
상황에서나 또는 무조건 유리한 것은 아닙니다. 부동산 매매 법인의 주

택판매에 대한 세금은 법인소득세 외에 토지 등 양도소득에 대한 법인세로 양도차익의 22%가 추가로 발생하기 때문입니다.

부동산 취득과 판매가 계속 반복적으로 발생해서 사업성을 가지게 되면, 투자자들이 양도소득세로 신고한 것은 잘못 신고된 것으로 볼 수 있습니다. 부동산 매매업 개인사업자는 선택이 아니라 필수라고 생각하고, 신고를 해야 합니다. 다만 개인사업자로 사업자등록을 한 후 부동산을 취득해 판매해서 신고를 할 수 있겠지만, 부동산 법인에서 부동산을 취득 후 양도해서 신고할 수도 있습니다.

즉 개인사업자로 할 것이냐, 부동산 법인으로 할 것이냐는 투자자들의 선택입니다. 따라서 부동산 법인을 통해 절세를 할 수 있는 경우를 확인하기 위해서는 구체적 상황을 가정해 숫자를 적용해서 각각의 세금을 계산해야 확인 가능합니다.

사례

부동산 투자자의 부동산 매매 소득 외에 다른 소득이 있다는 가정하에서 보유기간 5년인 주택을 매도 시의 세금 계산 비교입니다.

❶ 부동산 매매소득의 가정

대기업에 근무하는 A씨는 연봉이 1억 2,000만 원(과세표준 1억 원 가정) 있습니다. 재테크로 부동산 투자도 열심히 해서 5년 보유하던 주택을 매도했습니다. 관련 내용은 다음과 같습니다.

- 아파트 판매가격 : 5억 원

- 아파트 취득가격 : 2억 원

- 아파트 확장비용 : 5,000만 원

- 아파트 수리비용 : 4,000만 원

- 공인중개 수수료 : 1,000만 원

- 기타 사업운영비 : 3,000만 원

주택이 조정대상지역 중과세 대상이면, 부동산 법인을 운영하는 방법에 비해 양도소득세가 더 크게 발생하며, 개인사업자로 사업자등록을 한 경우에도 부동산 매매사업자 세액계산 특례가 적용되므로, 부동산 법인이 절세 측면에서 큰 차이를 발생시키는 결과가 도출됩니다.

❷ 양도소득세와 개인사업소득세와 법인세의 계산

구분	2022. 5. 10~ 2023. 5. 9 양도 시	2023. 5. 10 이후 다주택 중과 시 (2022. 5. 10 이후~2023. 5. 9까지 조정대상지역 다주택 중과세율 적용 유예)
매매가격	500,000,000원	500,000,000원
취득가격	(200,000,000원)	(200,000,000원)
확장비용	(50,000,000원)	(50,000,000원)
중개사수수료	(10,000,000원)	(10,000,000원)
양도소득금액	240,000,000원	240,000,000원
장기보유공제	24,000,000원	(0)
양도소득금액	216,000,000원	240,000,000원
기본공제금액	(2,500,000원)	(2,500,000원)

구분	2022. 5. 10~ 2023. 5. 9 양도 시	2023. 5. 10 이후 다주택 중과 시 (2022. 5. 10 이후~2023. 5. 9까지 조정대상지역 다주택 중과세율 적용 유예)
과세표준금액	213,500,000원	237,500,000원
세율	×38%-19,400,000원	×(38%-19,400,000) +237,500,000원×20%
양도소득세	61,730,000원	118,350,000원
지방소득세	6,173,000원	11,835,000원
합계	67,903,000원	130,185,000원
장기보유특별공제	1년에 2%(3년 차부터 적용) (15년에 30% 이후 공제 증가 없음)	조정대상지역 다주택 중과세율 적용 시 장기보유특별공제 안 됨

• 과세표준 2억 2,310만 원의 경우 양도소득세율의 적용 원리

과세표준의 구간별 구분	세율 적용 금액	2022. 5. 10~2023. 5. 9		2023. 5. 10 이후	
		적용세율	세금	적용세율	세금
1,200만 원	1,200만 원	6%	720,000원	26%	3,120,000원
1,200만 원~4,600만 원	3,400만 원	15%	5,100,000원	35%	11,900,000원
4,600만 원~8,800만 원	4,200만 원	24%	10,080,000원	44%	18,480,000원
8,800만 원~1억 5,000만 원	6,200만 원	35%	21,700,000원	55%	34,100,000원
1억 5,000만 원~ 2억 2,310만 원	6,350만 원	38%	24,130,000원	58%	42,398,000원
장기보유특별공제 미공제금액 추가 세금	1,440만 원	38%	0 (공제됨)	58%	8,352,000원
양도소득세 합계			61,730,000원		118,350,000원
지방소득세	양도소득세	10%	6,173,000원	10%	11,835,000원

• 부동산 매매업 개인사업자의 사업소득세Max[① 사업소득세 ② 양도소득세]

- 다른 소득이 없을 경우 개인사업자의 사업소득세

45,200,000원(국세) + 4,520,000원(지방소득세) = 49,720,000원

매매가격 :	500,000,000원
취득가격 :	(200,000,000원)
확장비용 :	(50,000,000원)
중개사 수수료 :	(10,000,000원)
= 매매 소득 금액 :	240,000,000원
장기보유 공제 :	0원(부동산 매매사업은 장기보유 특별공제 없음)
= 양도 소득 금액 :	240,000,000원
기본 공제 금액 :	0원(부동산 매매사업은 기본공제 없음)
수리비용 :	(40,000,000원)
운영비용 :	(30,000,000원)
사업소득 과세표준금액 : 170,000,000원	
세율 :	× 38% - 19,400,000원
사업소득세 :	45,200,000원
지방소득세 :	4,520,000원
합계 :	49,720,000원

사업소득세로 계산될 경우에는 수리비용과 운영비용이 모두 비용처리됩니다. 따라서 비용이 증가되어 소득이 감소되고, 세금이 줄어들게 됩니다.

- 다른 소득이 있는 경우 개인사업자의 사업소득세 : 69,410,000원

근로소득이나 다른 소득이 있다면 심각한 상황이 발생됩니다. 개인의 사업소득은 누진세율이 적용되기 때문에 다른 소득이 많을수록 높은 세율이 적용됩니다.

예를 들어 근로소득이 있는 근로자가 부동산 매매업의 사업소득이 발생한다면, 부동산 매매업의 사업소득은 근로소득에서 추가로 발생되는 소득이기 때문에 누진세율 체제하에서 높은 세율이 적용됩니다. 이는 양도소득세 계산 시 높은 중과세율이 적용되는 것과 같은 결과입니다.

• 부동산 매매소득이 없을 경우 근로소득세의 계산

(연봉 1억 2,000만 원, 과세표준 1억 원 가정)

과세표준	금액	세율	세금
1,200만 원 이하	1,200만 원	6%	720,000원
1,200만 원 초과~4,600만 원 이하	3,400만 원	15%	5,100,000원
4,600만 원 초과~8,800만 원 이하	4,200만 원	24%	10,080,000원
8,800만 원 초과~1억 5,000만 원 이하	1,200만 원	35%	4,200,000원
1억 5,000만 원 초과~3억 원 이하	0	38%	
3억 원 초과~5억 원 이하	0	40%	
5억 원 초과~10억 원 이하	0	42%	
10억 원 초과	0	45%	
합계	100,000,000		20,100,000원

• 근로소득이 있는 상황하에서 부동산 매매소득이 발생하는 경우

근로소득이 있는 근로자가 부동산 매매업의 사업소득이 발생한다면, 부동산 매매업의 사업소득은 근로소득에서 추가로 발생되는 소득이기 때문에 누진세율 체제하에서 높은 세율이 적용됩니다. 이는 양도소득세 계산 시 높은 중과세율이 적용되는 것과 같은 결과입니다.

부동산 매매소득 과세표준 : 170,000,000원

부동산 매매소득에 대한 소득세 : 69,410,000원

63,100,000원(국세) + 6,310,000원(지방소득세)

부동산 매매소득에 적용되는 세율은 35%부터 적용이 됩니다.

과세표준	세율	세금
8,800만 원 초과~1억 5,000만 원 이하	35%	17,500,000원 (50,000,000원×35%)
1억 5,000만 원 초과~3억 원 이하	38%	45,600,000원
합계		63,100,000원

> **참고**
>
> 170,000,000원 중에서 50,000,000원은 35%의 세율을 적용받았으며, 초과금액
> 인 120,000,000원은 38% 세율을 적용

• 법인사업자의 법인세 : 71,500,000원

법인소득 : 170,000,000원

2억 원 이하까지 10% 세율이 적용되며, 개인의 타 소득과 합산이 되
지 않으므로 높은 세율이 적용되지 않습니다.

① 법인소득세 + ② 주택 양도소득에 대한 법인세

① 법인소득세 : 18,700,000원(17,000,000+1,700,000)

② 토지(주택) 등 양도소득에 대한 법인세 : 52,800,000원[매매소득금액

 ×22%(미등기는 44%)]

240,000,000×20% = 48,000,000 + 4,800,000(2%) = 52,800,000원

개인 근로소득과 법인의 매매소득은 세금 계산 시 합산이 아닌 분리가 됩니다. 따라서 개인의 종합소득이 아무리 많다고 하더라도 법인의 부동산 매매소득은 합산되지 않습니다. 또한, 법인에 적용되는 누진세율도 낮기 때문에 일반적으로는 부동산 법인은 양도소득세 신고에 비해 낮은 세금으로 마무리할 수 있습니다. 하지만 주택의 경우 추가법인세 22%가 발생하기 때문에 반드시 구체적인 세금비교표를 만들어서 검토 후 법인으로 취득 여부를 결정해야 합니다.
(* 추가 법인세 = 토지 등 양도소득에 대한 법인세)

❸ 양도소득세 VS 사업소득세 VS 법인세

구분	양도소득세의 계산	개인 종합소득세의 계산 (다른 소득이 없는 경우)	개인 종합소득세의 계산 (다른 소득이 있는 경우)	법인소득세의 계산
2022. 5. 10~ 2023. 5. 9 양도	67,903,000원	49,720,000원 (MAX 71,915,800원)	69,410,000원 (MAX 71,915,800원)	71,510,000원
2023. 5. 10 이후 양도	130,185,000원	130,185,000원	130,185,000원	71,510,000원

부동산 매매사업자에 대한 세액계산 특례 적용으로 주택매매차익 등의 비교과세가 적용되어 개인종합소득세로 계산 시 양도소득세와 둘 중 큰 금액을 신고·납부합니다.

부동산 법인은 주택에 대한 간주임대료 세금이 없나요?

2019년부터는 보유주택이 2주택 이상이면, 주택임대소득에 대해서도 소득세가 과세됩니다. 과거에도 물론 2주택 이상자들에 대한 주택임대소득이 과세 대상에 포함되었지만, 대부분의 사람들이 신고를 하지 않았습니다.

이에 정부는 2019년부터 주택임대소득에 대해서 제대로 세금을 부과하기 위해 이전부터 제도를 마련하고 지속적으로 시행예고를 했는데, 이에 대해서 살펴보려고 합니다.

일정 요건이 충족되면 세금이 발생하는 개인의 주택임대소득

❶ 주택임대소득의 123요건

구분	임대료 세금	보증금 세금
1주택	× (고가주택은 과세)	×
2주택	○	×
3주택	○	○

고가주택은 기준시가가 9억 원 이상인 주택입니다.

② 보증금에 대한 세금

주택임대료에 대한 세금이 부과되면 분명 임대료를 받지 않고, 보증금만 받아서 계속적으로 주택을 구입하는 투자자들이 있을 것입니다. 정부에서는 이러한 것을 원천적으로 방지하기 위해서 보증금에 대한 이자환산액을 계산해서 이를 임대료로 과세를 할 수 있도록 제도를 정비했습니다.

보증금에 대한 임대료 환산액을 '간주임대료'라고 하는데, 3주택 이상 보유한 사람을 대상으로 세금을 부과합니다. 이때 주택수를 계산할 때 소형주택은 포함하지 않고 계산합니다. 소형주택은 주거전용면적이 1세대당 $40m^2$ 이하+기준시가가 2억 원 이하인 주택을 의미합니다.

③ 주택수의 계산

- 다가구주택 : 1개의 주택(단, 구분등기 된 경우 각각 1개의 주택)
- 공동소유주택 : 지분이 가장 큰 사람 주택
- (지분이 가장 큰 자가 2명 이상인 경우로, 1명을 임대수입귀속자로 정한 경우 그의 소유)

  단, 다음 중 하나에 해당하는 경우 각각 소유주택으로 계산

  가. 임대수입금액이 연간 600만 원 이상인 사람(간주임대료 제외한 총 수입금액×지분율)

  나. 기준시가 9억 원 초과 경우로서 지분율이 30% 초과 보유자(사업연도 말이나 양도일 기준)

- 임차 또는 전세 받은 주택의 전대 또는 전전세하는 경우 : 임차인 또는 전세 받은 사람의 주택

- 본인과 배우자 주택 수 : 합산(부부공동명의 주택 : 지분 큰 자의 주택) (지분 동일 시 합의 결정)

부동산 법인이 주택을 취득하고 보증금을 받을 경우

부동산 법인으로 주택을 취득하고 보증금을 받으면, 주택 전세 보증금에 대한 간주임대료는 세금이 발생하지 않습니다. 부동산 법인은 주택의 임대로 발생한 임대료에 대해서는 세금이 발생됩니다. 하지만 보증금에 대한 임대료 환산액은 특별한 조건이 충족이 되었을 경우에만 세금이 발생하는데, 특별한 조건에 대해서 알아보도록 하겠습니다.

❶ 장부를 작성하지 않고 세금을 신고하는 경우

장부를 작성하지 않고 세금을 신고하는 경우는 보증금 환산액이 과세가 됩니다. 세법에서는 장부를 작성하지 않고 신고를 하는 경우를 '추계'라고 합니다. '추정해서 계산한다'라고 해서 추계라고 이해하면 편할 듯합니다.

❷ 장부를 작성해서 세금을 신고하는 경우

장부를 작성해서 세금을 신고하는 경우 주택 외의 부동산은 다음 요건을 모두 충족해야 보증금의 임대료 환산액에서 세금이 발생됩니다. 주택은 보증금의 월세 환산액인 간주임대료에 세금이 발생하지 않습니다.

- 부동산 임대업을 주업으로 해야 합니다. 12월 31일 현재, 자산총액 중 임대자산의 비율이 50% 이상인 법인을 의미합니다.
- 차입금 과다법인이어야 합니다. 12월 31일 현재, 차입금이 자본금의 2배를 초과하는 법인을 의미합니다.
- 영리 내국법인이어야 합니다. 즉 비영리 내국법인은 보증금의 임대료 환산액에 대한 세금이 발생하지 않습니다.

 배우자에게 주식을 증여하면, 법인에 있는 돈을 세금 없이 가져올 수 있나요?

부동산 법인의 절세단계는 크게 2단계가 필요합니다. 첫 번째, 절세가 필요한 단계는 부동산 법인을 만들어 부동산을 사고팔 때 발생하는 소득세입니다. 법인세는 부동산을 매입 후 판매해서 발생하는 양도소득세보다 작으며, 개인사업자로 전환해서 부동산을 매매했을 때 발생하는 세금보다 작게 발생합니다.

첫 번째 절세로 부동산 법인은 일단 국가에 내야 할 세금을 법인이 가지고 있게 됩니다. 하지만 그 돈을 개인화할 때 세금이 또 발생되기 때문에 두 번째 절세가 필요합니다.

배우자 증여공제를 활용한 주식 증여

배우자에게 증여하는 것은 10년간 증여금액을 누적 합산해서 6억 원까지 증여세가 발생하지 않습니다. 이를 잘 활용한다면 법인에 있는 돈을 개인화하더라도 세금이 발생되지 않게 되어 두 번째 절세가 가능합니다. 그 절차는 다음과 같습니다.

- 배우자에게 본인이 가지고 있는 주식 6억 원을 증여합니다. 그 결과 증여받은 배우자의 주식 취득가격은 6억 원이 됩니다.
- 주식을 증여받은 배우자는 법인에게 그 주식을 6억 원에 판매합니다. 그 결과 증여받은 배우자의 주식 판매가격은 6억 원이 됩니다.
- 배우자는 법인의 돈을 개인화하더라도 주식을 판매하고, 그 대가로 돈을 받기 때문에 불법적으로 법인의 돈을 가져오는 것이 아닙니다. 또한 양도가격과 취득가격이 같기 때문에 양도소득세 또한 발생하지 않습니다.

법인이 주식을 취득하는 목적에 따라 세금이 달라진다?

① 법인이 취득할 주식의 취득목적이 재판매 목적인 경우

법인이 배우자에게 취득하는 주식의 취득목적이 잠시 가지고 있다가 다시 재판매할 목적의 취득이라면, 법인에게 주식을 판매한 사람은 주식의 판매로 보아 양도소득세로 신고하도록 규정하고 있습니다.

하지만 법인에서 배우자에게 취득한 주식의 대가로 돈을 지급했지만, 주식 취득 대가로 돈을 지급한 것으로 보지 않고, 법인 돈을 빌려주는 행위로 판단한 경우가 발생했기 때문에 국세청과 충돌이 없는지 확인 후 주의를 기울여 판매해야 합니다.

배우자 증여공제를 활용한 주식을 통한 법인자금의 개인화

남편 ──6억 원 주식의 증여──> 부인 ──6억 원 주식 판매──> 법인
(주식 취득가격 1억 원)

- 증여세법은 배우자에게 증여하는 금액은 10년간 누적 6억 원까지 증여세를 부과하지 않는다.
- 부인의 증여 취득가격이 6억 원이므로 법인에게 판매 시 세금은 없다(이익소각 방법 가정).
- 남편이 바로 법인에게 판매 시 5억 원의 소득이 발생하므로 배당소득세가 발생한다.

② 법인이 취득할 주식의 취득목적이 이익소각 목적인 경우

법인이 배우자에게 취득하는 주식이 그동안 쌓아왔던 이익을 지급하는 이익소각 목적인 경우, 법인에게 주식을 판매한 사람은 배당을 받은 것으로 보아 배당소득세로 신고를 해야 합니다.

하지만 판매가격과 취득가격이 동일한 금액이므로 세금은 발생하지 않고, 법인의 돈을 6억 원까지 찾아올 수 있습니다.

10 부동산 법인의 부동산은 자녀가 증여나 상속을 받아도 취득세가 안 나오나요?

'취득'이란 매매, 교환, 상속, 증여, 기부, 법인에 대한 현물출자, 건축, 개수, 공유수면의 매립, 간척에 의한 토지의 조성 등과 그 밖에 이와 유사한 취득입니다. 원시취득(수용재결로 취득한 경우 등 과세대상이 이미 존재하는 상태에서 취득하는 경우는 제외), 승계취득 또는 유상·무상의 모든 취득을 말합니다.

취득세는 앞서 말한 취득 중 부동산, 차량, 기계장비, 항공기, 선박, 입목, 광업권, 어업권, 골프회원권, 승마회원권, 콘도미니엄 회원권, 종합체육시설 이용회원권 또는 요트회원권(이하 이 장에서 '부동산 등'이라고 한다)을 취득한 사람에게 과세되는 세금입니다.

부동산 매매 법인의 부동산을 자녀가 취득하는 방법은 부동산 법인이 보유하고 있는 부동산을 취득하는 방법과 부동산 법인의 주식을 취득해서 부동산을 보유한 법인 그 자체를 취득하는 방법 2가지가 있습니다.

부동산 매매 법인이 보유하는 부동산을 취득하는 방법

부동산의 취득은 취득세 과세대상에 포함되어 있습니다. 따라서 법인이 보유하고 있는 부동산을 그 자녀가 직접 취득하는 경우 취득세가 발생됩니다.

부동산을 보유하고 있는 부동산 법인의 주식을 취득하는 경우

부동산을 보유하고 있는 부동산 법인을 취득하려면, 부동산 법인의 주식을 취득하면 됩니다. 부동산 법인의 주식은 취득세 과세대상이 아니므로 부동산 법인이 보유하는 부동산을 취득하는 것이 아니라, 부동산 법인 자체를 취득하면 취득세가 과세되지 않습니다.

과점주주의 간주취득세

① 과점주주의 개념

주주(유한책임사원) 1명과 그의 특수 관계인 중 그들의 소유 주식(출자가액)의 합계가 해당 법인의 발행 주식 총수 또는 출자총액의 100분의 50을 초과하면서 그에 관한 권리를 실질적으로 행사하는 자들을 '과점주주'라고 합니다.

② 과점주주의 간주취득세 개념

과점주주가 과점주주인 상태에서 추가로 주식을 취득해서 지분율이 증가하는 경우, 또는 과점주주가 아니었던 주주들이 주식을 추가로 취득해서 과점주주가 되었을 경우에 추가로 주식을 취득하는 시점에 법인이 보유하고 있는 취득세 과세 대상 자산의 취득세를 계산해서 취득세를 한 번 더 신고, 납부하는 것을 의미합니다.

과점주주가 된다는 것은 법인의 주인이 되는 것이고, 부동산을 가지고 있는 부동산 법인의 주인이 변경되는 것을 의미합니다.

• 과점주주가 아니었던 주주가 추가 주식 취득으로 과점주주가 되었을 경우의 간주취득세

법인의 주식 또는 지분을 취득함으로써 과점주주가 아니었던 사람이 과점주주가 되었을 때에는 그 과점주주가 해당 법인의 부동산 등을 취득한 것으로 보아 취득세를 계산해서 최종 주식 보유비율만큼 취득세를 한 번 더 과세합니다.

• 과점주주의 지분비율이 증가된 경우

법인설립 시 이미 과점주주가 된 경우 등은 추가로 주식 보유비율이 증가될 때 법인이 보유한 취득세 과세 대상 자산의 취득세를 계산해서 증가된 주식비율을 곱해서 취득세를 한 번 더 과세합니다.

• 주식 보유비율의 기준

주식 보유비율의 기준은 특수관계자 단위로 판단하기 때문에 부모의 주식을 자녀가 받는다든지, 다른 특수관계자 간 주식의 거래는 주식 보유비율이 변동하지 않는 것으로 봅니다.

왜 부동산 법인을
싫어하나요?

법인세도 내고 나중에 법인의 돈을 찾아올 때 소득세도 내면, 결국 양도소득세와 같지 않나요?

개인사업자에게 법인의 필요성과 장점을 강조할 때 다음의 질문을 많이 받습니다.

> "법인은 매년 법인세를 내고, 그 이후 세금 내고 남은 재산을 개인이 가져갈 때 세금을 또 내는데, 그러면 결국 개인사업자의 사업소득세 또는 양도소득세와 같은 것 아닌가요?"

이 질문에 대한 답은 같은 금액일 수 있지만, 같은 금액이 절대 될 수 없다는 것입니다.

세금 1억 원을 지금 당장 내는 것이 좋은가? 1,000만 원씩 10년 나누어 내는 것이 좋은가?

수치상으로만 계산을 한다는 가정에서는 1억 원의 세금을 지금 당장 내는 것과 1,000만 원씩 10년간 나누어 내는 것은 같습니다. 즉 법인세와 개인소득세가 같을 수 있습니다. 하지만 개인은 세금을 일시불로 납부하는 것이고, 법인은 세금을 무이자 할부로 납부하는 것입니다.

법인세를 내고 나중에 법인자금을 개인화할 때 소득세를 또 낸다는 것은 지금 1,000만 원은 법인세로 먼저 내고, 나머지 9,000만 원은 9년 동안 소득세로 나누어 낸다는 의미와 같을 수 있습니다. 하지만 개인은 양도소득세 1억 원을 즉시 국가에 내는 것과 같기 때문에 개인과 법인이 같은 금액을 세금으로 납부하더라도 화폐가치를 계산한다면 개인보다는 법인이 유리합니다.

부동산 법인의 장점

① 세금 낼 돈을 또 다른 부동산 취득자금으로 활용

법인은 세금을 낼 돈으로 부동산을 하나 더 취득할 수 있어서 추가 시세차익을 얻을 수 있으며, 그 결과 더 큰 소득을 확보할 수 있습니다.

② 세금 낼 돈을 보험에 가입하면, 비상상황 발생 시 상속세 준비가능

어느 날 갑자기 아무런 준비가 없는 상태에서 죽음이 찾아온다면, 남아 있는 사람은 상속세 납부 목적으로 준비된 현금이 없어서 많은 금전적 추가 손실이 발생할 수 있습니다. 이때 개인이었다면 납부하고 없을 돈을 법인은 가지고 있기 때문에 그 자금으로 보험가입을 해두면 그 결과, 보험회사에서 큰돈을 받을 수 있고 남아 있는 가족에게 큰 힘이 될 것이며, 더 큰 재산을 남겨 줄 수 있습니다.

물론 사망 시 보험회사에서 큰돈이 나오는 것은 좋은 방법이지만, 보험료로 납부할 돈이 없어서 보험을 들지 못하겠다는 분들이 많이 있습니다. 하지만 부동산 법인을 만들어 개인양도나 개인사업자로 부동산을 매도했을 때 발생하는 세금을 줄여서 그 돈으로 보험에 가입한다면,

국가에 낼 세금으로 보험료를 마련할 수 있는 효과를 가져올 수 있습니다.

2 법인에 쌓여 있는 돈은 결국 찾아갈 때 세금으로 납부해야 되는 것 아닌가요?

부동산 법인도 다른 법인처럼 수익에서 비용을 차감해 계산된 소득에 세율을 곱해 법인세를 신고하고, 납부합니다. 세금 납부 후 법인에 남은 재산은 누적이 되었다가 개인이 법인의 재산을 찾아갈 때 세금을 한 번 더 납부하게 됩니다.

법인소득에 대한 절세의 단계

20XX. 12. 31

소득세 6~45%
개인

VS

법인세
10 ~ 25%
법인

법인

법인자금의 인출 시
추가 소득세

단계별 절세

 법인은 결국 개인이 납부할 세금을 2단계로 나누어 납부하게 되는데, 이러한 이유로 절세 역시 법인은 2단계가 필요합니다.

① 1단계 절세 : 소득세 계산 시의 절세

 부동산 법인을 이용해 양도소득세로 신고하고, 납부하던 부동산 소득에 대한 세금을 줄일 수 있습니다. 부동산 매매 개인사업자 역시 양도소득세로 신고 시 인정받지 못했던 경비를 많이 적용받을 수 있습니다. 하지만 부동산 매매 법인은 부동산 매매 개인사업자의 경비인정도 받을 수 있지만, 세율까지 낮게 적용받을 수 있으므로 개인이 국가에 납부하던 세금을 줄일 수 있고, 그 차액을 부동산 법인에서 활용할 수 있습니다.

② 2단계 절세 : 법인자금의 개인화 단계 절세

 법인의 재산을 개인화할 때, 다시 말하면 법인의 돈을 개인 통장으로 옮길 때 한 번 더 세금이 발생됩니다. 법인의 돈을 합법적으로 개인화하는 방법 중 대표적인 방법이 급여와 배당 그리고 퇴직금입니다. 어떤 방법이든 세금이 발생하는데, 가장 적절한 때 적정한 금액을 정하는 것도 2단계 절세의 방법입니다.

급여를 통한 법인자금의 개인화

급여를 발생시켜 법인자금을 개인화할 때 급여를 받는 대표이사는 근로소득세가 발생됩니다. 하지만 급여를 지급하는 법인에서는 급여 지급액만큼 경비가 늘어나 법인소득이 줄어들고, 결국 법인의 세금이 줄어드는 결과가 발생됩니다. 그렇기 때문에 적정한 금액의 급여는 법인자금을 지급하더라도, 결과적으로 세금이 발생되지 않을 수 있습니다.

➊ 대표이사가 급여 이외 다른 소득이 많을 경우

대표이사가 급여 이외 다른 소득이 많을수록 법인에서 급여를 받는 것이 불리합니다. 현행 소득세법은 근로소득과 다른 종합소득을 합산해 누진세율을 적용합니다. 다른 종합소득이 있는 사람에게 근로소득이 추가로 발생한다면, 추가 발생한 근로소득은 높은 세율이 적용됩니다.

반면 지급하는 법인의 줄어드는 세금은 거의 고정값이므로, 다른 소득이 있는 대표이사가 급여를 발생시키는 것이 절세 측면에서 불리할 수 있습니다.

➋ 대표이사가 적정 금액 이상의 급여를 받을 경우

다른 소득이 없는 대표이사도 적정 금액 이상의 급여는 절세 측면에서 불리합니다. 적정 급여의 의미는 급여를 받는 대표이사의 소득세가 법인세 절감액과 비슷하도록 책정된 급여를 의미합니다.

하지만 적정 급여를 넘어서는 급여는 법인세 감소금액보다 높은 세금을 발생시키기 때문에 적정 급여를 초과한 급여는 절세 측면에서 불리합니다.

배당을 통한 법인자금의 개인화

법인에 근로를 제공하는자(근로자)의 법인자금 개인화 방법은 급여와 퇴직금입니다. 하지만 근로자가 아니라 법인의 주인인 주주는 배당을 통해 법인자금을 개인화할 수 있습니다. 공무원이나 미성년자의 경우에는 근로를 제공할 수 있는 상황이 아니기 때문에 급여를 발생시켜 법인자금을 개인화하는 것은 한계가 있습니다.

금융소득(배당소득+이자소득)은 연간 2,000만 원까지 종합소득에 합산되지 않고, 15.4%(14%+1.4%)의 세금을 부담하고 종결됩니다. 1인당 연간 2,000만 원까지 매년 찾아가는 것 역시 법인자금의 개인화 방법 중 하나입니다.

① 배당으로 법인자금을 찾을 때 주주의 수를 늘려라

배당으로 법인자금을 찾을 때 세금을 줄이려면 주주의 수를 늘려야 합니다. 1명당 2,000만 원의 금융소득만 15.4% 세율 적용 혜택이 있기 때문에 주주의 수를 늘리면 절세가 됩니다.

② 매년 일정액을 배당받아라

다른 소득에 합산하지 않는 금융소득의 금액은 매년 2,000만 원입니다. 따라서 한 해에 4,000만 원을 배당으로 찾아오는 것보다 2년간 매년 2,000만 원씩 찾아오는 것이 더 큰 절세 효과가 발생합니다.

퇴직금을 통한 법인자금의 개인화

만약 대표이사가 다른 소득이 많이 있다면, 급여나 배당을 통한 법인 자금의 개인화 방법은 한계가 있습니다. 또한, 배당소득은 근로소득과는 다르게 지급하는 법인의 경비처리가 되지 않습니다. 따라서 적정금액을 초과하는 급여나 배당은 꼭 돈이 필요한 경우가 아니라면, 세금을 부담하면서까지 개인화하는 것은 적합하지 않습니다.

급여나 배당으로 법인자금을 개인화하지 않더라도, 대표이사를 포함한 법인의 임원은 퇴직 시 퇴직금을 받을 수 있습니다. 그렇기 때문에 지금 개인화하고 싶은 금액이라도 법인에 저축한다 생각하고, 적립하는 것이 좋습니다. 더 큰 투자에 사용해 더 많은 소득을 발생시켜 퇴직 시에 더 큰 돈을 찾아갈 수 있다면, 최고의 법인자금의 개인화 방법이라고 할 수 있습니다. 또한, 퇴직금은 다음과 같은 효과를 추가로 발생시키기 때문에 법인자금의 개인화 방법 중 가장 효과적인 방법입니다.

- 퇴직금은 다른 소득이 있어도 종합소득에 포함되지 않습니다.
- 퇴직금은 4대보험이 적용되지 않습니다.
- 퇴직금은 지급하는 법인의 비용이 되어 큰 법인세 절세가 됩니다.
- 퇴직금은 결집효과가 있기 때문에 결집효과 완화를 위해 비용적용이 많이 되어 퇴직소득을 계산하며, 퇴직소득 세율 역시 낮은 세율이 적용됩니다.
- 퇴직금은 지급 후 기업의 주식 가치를 크게 떨어뜨리는 효과가 있습니다. 그렇기 때문에 상속세나 증여세 절세 효과가 크게 발생합니다.

부동산 법인 재산은 찾아가지 않아도 결국 소멸 시 세금을 내야 하는 것 아닌가요?

부동산 법인설립을 고려하는 많은 투자자들이 고민하는 문제 중 하나가 부동산 법인은 운영할 때는 절세가 가능하나, 결국 그 절세된 금액이 법인을 소멸시킬 때 다시 세금으로 나타나지 않느냐 하는 것입니다.

소멸 시 세금을 내야 하는 부동산 법인

① 청산소득에 대한 법인세

법인은 소멸 시 청산소득에 대한 법인세를 신고하고, 납부해야 합니다. 청산소득에 대한 법인세란 아직 세금이 과세되지 않은 재산가치 증가분에 대한 세금을 의미합니다. 예를 들면 부동산 법인 명의로 아파트를 구입했는데, 청산할 때까지 보유하고 있었다면, 청산시점의 시가에서 취득가격을 차감한 금액에 대한 법인세가 과세됩니다.

② 배당소득세

쌓여 있는 이익잉여금이 주주에게 배분되어 주주들에게 배당소득세가 과세됩니다. 청산소득에 대한 법인세를 납부하고, 남아 있는 법인자산에서 부채를 상환한 금액에 자본금을 차감한 금액이 배당가능금액입니다.

▶ 참고 : 법인은 다음의 소득에 대한 법인세를 신고, 납부해야 합니다(이 책 52~55p 참조).

1 각 사업연도 소득에 대한 법인세(가장 일반적인 법인세)
　매년 수익에서 비용을 차감한 소득에 대한 법인세

2 토지 등 양도소득에 대한 법인세
　법인에서 주택과 별장이나 비사업용 토지 판매 시 양도차익에 대한 법인세

3 청산 소득에 대한 법인세
　법인 청산 시점까지 가치증가 금액 중 미과세된 소득(또는 재산)에 과세되는 법인세
　(잔여재산가액 – 자기자본)×(10%~25%) (= 각 사업연도 소득에 대한 법인세율과
　동일)

4 미환류소득에 대한 법인세(조세특례제한법 100조의 32)
　각 사업연도 종료일 현재, 자기 자본 500억 원 초과 법인이 대상

부동산 법인 소멸 시점의 절세 방안

　법인 소멸 시 세금이 있지만, 미리 준비한다면 문제될 것이 없습니다. 법인 소멸 시 쌓여 있는 이익잉여금(매년 번 돈의 누적액)이 각 주주들에게 배분(=배당)이 되고, 청산이 됩니다. 이때 각 주주에게 배분되는 금액은 배당소득으로 개인 주주에게 과세가 됩니다.

① 퇴직금 지급규정
　법인 소멸시점에 이익잉여금이 없도록 퇴직금이 먼저 지급되는 규정을 마련해놓으면, 소멸시점에 이익잉여금이 없으므로 배당으로 과세되지 않습니다. 퇴직금으로 지급되더라도 퇴직소득세는 발생하지만, 배당소득세에 비해 퇴직소득세는 작게 발생됩니다. 또한 배당소득은 건

강보험료가 추가 발생이 되나, 퇴직금으로 수령하면 건강보험료가 발생되지 않습니다.

② 배당받는 주주 수 확대

그래도 남는 이익잉여금이 있다면 배당받는 주주의 수를 늘리면, 누진세율 구조하에서 세금을 크게 줄일 수 있습니다. 배당은 주주가 받을 수 있는데, 주식을 증여하더라도 미성년자가 아닌 자녀는 5,000만 원까지 증여세가 없으므로, 주식을 배우자나 자녀 등 최대한 많은 사람에게 분산 증여한 후 이익잉여금을 배분한다면, 세금을 줄일 수 있습니다 (미성년자인 자녀는 2,000만 원까지 증여세 없음).

③ 매년 일정 금액 가져가기

매년 일정 금액(1년에 1인당 이자소득과 배당소득 합산 : 2,000만 원 한도)은 15.4%만 발생합니다. 청산시점까지 이익잉여금을 쌓아두지 말고, 매년 일정 금액을 미리 찾아 쓴다면 청산시점에 세금을 많이 부담하는 문제는 없습니다.

부동산 법인은 결국 소멸을 할 텐데, 세금을 내야 하지 않나요?

부동산 법인 소멸 시 발생되는 세금에 대해 미리 걱정을 하시는 분들이 많습니다. 하지만 아래 요건에 모두 해당된 투자자만 걱정할 문제입니다.

- 부동산 법인을 만든 주주
- 부동산 법인을 통해 부동산 취득과 판매를 한 주주
- 소득을 많이 발생시킨 법인의 주주

답변 1 : 너무 빠른 질문이 아닌가요?

아직 법인도 만들지 않고, 소득이 발생도 안 되었는데 걱정하기에는 너무 빠른 질문이 아닐까요? 부동산 법인을 만들어 소득을 많이 발생시키고 나면, 그때 부동산 법인이 소멸될 때 발생하는 세금에 대한 절세 방안을 마련해도 늦지 않습니다.

답변 2 : 역시 너무 빠른 질문 아닌가요?

100번 양보를 해서 부동산 법인을 통해 부동산을 사고팔아서 소득을 많이 확보한 투자자를 가정해보겠습니다. 이미 부동산 법인의 운영으로 많은 소득을 발생시켰다면, 부동산 법인을 더 이상 운영하지 않을 생각이 있을까요?

많은 부동산 투자로 부동산을 보는 안목도 넓어지고, 투자 자금도 충분히 확보한 투자자라면, 부동산 법인을 소멸시키려고 하지 않을 것이며, 그 결과 소멸 시 발생하는 세금에 대해 걱정할 일도 없을 것입니다.

답변 3 : 아무리 생각해도 너무 빠른 질문 아닌가요?

부동산 법인을 소멸시켜서 세금 내고, 받은 배당으로 무엇을 할 계획인가요? 아직은 거기까지 생각하지 않았다는 답변을 가장 많이 합니다. 아직 생각하지도 않았는데, 세금 걱정을 하는 것도 너무 빠른 걱정이라고 생각됩니다. 부동산 법인을 소멸시켜서 받은 돈으로 뚜렷하게 사용할 계획이 없는데, 세금을 발생시키면서까지 법인을 청산할 일은 없을 듯합니다.

5 모든 부동산 법인은 성실신고 확인대상 아닌가요?

성실신고 확인제도 도입 취지는 개인사업자의 성실한 신고를 유도하기 위함입니다. 그 취지에 따라 성실신고 확인제도 시행 결과, 시행 이전 세금보다 상상할 수 없을 정도로 많은 세금이 신고, 납부되었습니다.

성실신고 확인제도가 도입 취지에 맞게 개인사업자의 성실한 신고

효과를 크게 가져오자, 이후 세법을 개정해 개인사업자 중에서 그 대상을 크게 확대했습니다. 그 후 제도의 대상 범위 또한 개인사업자에서 법인사업자까지 확대했습니다.

법인의 성실신고 확인제도의 시행

법인의 성실신고 확인제도란 법인세 신고 시 신고서의 성실성과 신고내용의 적정성 및 정확성에 대해서 세무사 등의 세무전문가에게 확인을 받아 신고하는 제도입니다.

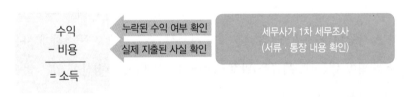

성실신고 확인서 제출의 혜택

❶ 신고기한 연장

법인세 신고마감일은 3월 31일까지입니다(사업연도 : 1월 1일부터 12월 31일 법인 기준). 하지만 법인의 성실신고를 유도하기 위해 신고서 제출과 납부일을 1개월 더 연장했습니다. 그 결과 성실신고를 확인하는 세무사가 충분히 검토할 수 있도록 했습니다.

❷ 성실신고 확인서 제출 시 추가 세액공제

성실신고 확인대상 법인이 성실신고 확인서를 제출하는 경우, 신고 수수료의 60%를 세액공제받습니다(150만 원 한도, 개인은 120만 원 한도).

성실신고 확인서 미제출 시 제재

산출세액의 5% 가산세와 세무조사 선정 대상이 됩니다.

성실신고 확인제도 대상 법인

❶ 소규모 부동산 임대법인

다음 ①, ②, ③을 동시 충족한 부동산 임대업을 주된 사업으로 하는 법인은 성실신고 확인 대상 법인이 됩니다.

① 사업연도 종료일 현재, 지배 주주가 법인 주식을 50% 초과 보유

② 부동산 임대업을 주된 사업으로 하거나 부동산 임대소득+이자소득+배당소득이 매출액의 50% 이상일 것(매출액 : 임대료 + 간주임대료 + 이자 + 배당)

③ 상시 근로자 수가 5인 미만일 것

법인이 둘 이상의 서로 다른 사업을 영위하는 경우에는 사업별 사업 수입금액이 큰 사업을 주된 사업으로 본다.

❷ 법인설립연도 또는 직전연도에 '소득세법'에 따른 성실신고 확인 대상에 해당하는 사업자가 현물출자, 사업양도·양수 등의 방법에 따라 법인으로 전환(2018. 2. 13 이후)한 후 3년 이내인 내국 법인입니다.

 ## 성실신고 확인대상이란 무엇인가요?

2013년부터 매출액 등이 일정 금액 이상인 개인사업자는 사업소득세 신고를 할 때, 세무전문가로부터 소득세 신고서의 정확성과 성실신고 여부를 확인받아야 되는 법이 시행되었습니다. 이 제도가 시행됨에 따라 시행되기 전에 비해 어마어마하게 늘어난 세금을 납부하게 되었습니다.

성실신고 확인제도의 개념

성실신고 확인제도를 간단하게 표현하면, 세금을 신고하기 전에 세무사 등에게 1차 세무조사를 받고 신고하는 제도입니다. 성실한 신고를 유도하기 위해 도입된 제도로, 수입금액(매출액이라고 이해하면 됨)이 업종별 일정 금액 이상인 개인사업자가 종합소득세를 신고할 때, 종합소득세 신고 전에 신고내용과 증빙서류 등을 세무사(세무 대리인) 등에게 의무적으로 확인받는 제도입니다.

　성실신고 대상 개인사업자는 법인처럼 투명하게 장부를 관리해 세무사에게 확인을 받아 세무서에 제출해야 하며, 법인보다 높은 세율로 세금을 부담해야 하고, 성실신고 확인을 받지 않으면 국세청(=세무서)에 우선 세무조사 대상자로 선정되는 제도입니다.

성실신고 확인의무 위반에 대한 제제

❶ 가산세 발생
사업소득 산출세액의 5%를 가산세로 납부하게 됩니다.

❷ 세무서에서 직접 세무조사
　1차 세무조사를 세무사에게 받지 않으면(성실신고 확인을 받지 않으면), 세무조사 수시선정 대상으로 분류되어 세무서에서 직접 세무조사를 합니다.

성실신고 확인서를 제출한 사업자에 대한 혜택

❶ 추가 세액공제
　성실신고 확인 수수료의 60%를 세액공제받습니다(법인 연 150만 원 한도, 개인은 연 120만 원 한도).

❷ 의료비와 교육비 세액공제
의료비와 교육비는 근로소득자의 근로소득세에서만 세액공제가 되나 성실신고 확인서를 제출한 개인사업자는 의료비와 교육비를 세액공제 받을 수 있습니다.

법인은 성실신고 확인서를 제출하더라도 의료비와 교육비를 공제하지 않습니다. 개인은 교육을 받거나 치료를 받을 수 있지만, 법인은 교육과 치료를 받을 수 있는 대상이 아니기 때문입니다.

성실신고 확인대상 확대

(대상 금액인 수입금액 기준액을 인하해 대상 확대됨)

업종	2013년 귀속 이전	2014년 귀속분	2018년 귀속분
1. 농업 및 임업, 어업, 광업 도매업 및 소매업, 부동산 매매업, 그 밖에 제2호 및 3호에 해당하지 않는 사업	30억 원	20억 원	15억 원
2. 제조업, 숙박 및 음식점업, 전기·가스·증기 및 수도사업, 하수·폐기물처리·원료재생 및 환경복원업, 건설업, 운수업, 출판·영상·방송통신 및 정보서비스업, 금융 및 보험업	15억 원	10억 원	7억 5,000만 원
3. 부동산 임대업, 전문·과학 및 기술 서비스업, 교육 서비스업, 사업시설관리 및 사업지원 서비스업, 보건업 및 사회복지 서비스업, 예술·스포츠 및 여가 관련 서비스업, 협회 및 단체, 수리 및 기타 개인 서비스업, 가구 내 고용활동	7억 5,000만 원	5억 원	5억 원

❶ 성실신고 확인대상

성실신고 확인제도가 처음 도입되었을 때 그 대상은 수입금액이 업종별 기준 일정 금액 이상인 개인사업자였습니다.

② 성실신고 확인대상자의 확대

- 성실신고 확인대상자를 확대하기 위해서 2014년 귀속분부터 그 대상이 되는 수입금액을 하향조정했습니다.
- 성실신고 확인대상 개인사업자가 지속적으로 확대되었습니다.

세원 투명성 강화

성실신고확인제도 적용대상 확대 및 개선(조세특례제한법 제126조의 6 제1항, 국세기본법 제47조의 2 제6항, 소득세법시행령 제133조 제1항)

가. 개정취지

　　성실신고확인제도의 실효성 제고

나. 개정내용

종전	개정
● 성실신고확인제도 적용대상 　– 농업, 도·소매업 등 : 해당 연도 수입금액 20억 원 이상 　– 제조업, 숙박 및 음식업 등 : 10억 원 이상 　– 부동산 임대업, 서비스업 등 : 5억 원 이상	● 적용대상 확대 　– 20억 원 이상 → 15억 원 이상 　– 10억 원 이상 → 7억 5,000만 원 이상 　– (좌동)
● 성실신고 확인비용 세액공제 　– 성실신고 확인비용의 60% 세액공제(한도 100만 원)	● 세액공제 한도 확대 　– 한도 100만 원 → 120만 원(법인사업자는 150만 원)
● 추계신고자 등에 대한 성실신고확인서 미제출 가산세 적용 　– Max(① 무신고 가산세, ② 무기장 가산세, ③ 성실신고확인서 미제출 가산세[*]) [*] 산출세액 × 사업소득금액 / 종합소득금액 × 5%	성실신고확인서 미제출 가산세 별도 적용 Max(①, ②) + ③

다. 적용시기

　　2018년 1월 1일 이후 개시하는 과세기간분부터 적용

법인세 신고서를 작성할 때 수수료를 내고 작성된 신고서를 확인받는데, 수수료를 또 내면 부동산 법인의 부담이 너무 많지 않나요?

부동산 법인 중 일정요건을 충족하는 법인(성실신고 확인대상 법인)은 세무전문가에게 신고서 제출 전 작성된 신고서의 성실성을 확인받아서 제출을 해야 합니다. 부동산 법인은 법인세 신고서를 작성하는 데 수수료를 지급해야 하며, 작성된 신고서의 성실성을 확인받는 데 수수료를 한 번 더 지급을 해야 합니다.

부동산 법인의 주인이나 대표이사 입장에서는 수수료를 중복해서 지급한다는 억울한 생각이 들 수 있습니다. 하지만 성실신고 확인 수수료의 60%(연 150만 원 한도)를 세액공제받기 때문에 부동산 법인이 부담하는 금액이 많지 않습니다. 또한 성실신고 확인 수수료비용이 법인 경비에 추가되어 소득을 줄이기 때문에 다음 연도 법인세 또한 감소합니다. 성실신고 확인비용 청구 시 세무사 사무실에서는 부동산 법인에 부담이 최소화되도록 성실신고 확인 수수료를 결정 후 청구합니다.

> 성실신고 확인 수수료가 100만 원 청구될 경우, 실제 부동산 법인의 부담
>
> • 세액공제 : 60만 원(100만 원×60%)
>
> • 다음 연도 법인세 감소액 : 11만 원(100만 원 × 11%) 또는 22만 원(100만 원 × 22%)
>
> • 잉여금 감소에 대한 배당소득세 감소액 : 15만 4,000원(100만 원 × 15.4%)
>
> • 실제 부담액 : 13만 6,000원(100만 원 - 97만 4,000원) 또는 2만 6,000원

부동산 법인은 접대비와 차량유지비용을 비용인정하지 않나요?

부동산 법인의 최대 장점 중 하나는 양도소득세에서 인정하는 경비보다 훨씬 더 많은 지출을 경비로 인정하는 것입니다. 양도소득세를 계산할 때 인정되는 부동산 보유 중 지출은 새시 교체나 확장비용 또는 냉난방시설 교체비 정도입니다. 하지만 부동산 법인은 그 외 부동산 유지관리비용의 대부분을 경비로 인정합니다. 이렇게 인정되는 비용이 증가한다는 것은 소득세 계산 대상인 소득이 감소한다는 것이기 때문에 세금도 줄어듭니다.

경비인정에 제한이 있는 부동산 임대업 법인의 접대비

법인은 양도소득세와는 다르게 접대비가 비용인정됩니다. 다만 세법은 무분별한 접대행위의 방지를 위해 실제 지출한 접대비를 모두 인정하지 않고, 일정한 범위 내에서 인정합니다. 부동산 임대업 법인은 일반 법인에 인정되는 접대비 한도의 50%만 인정이 됩니다.

부동산 임대업을 주된 사업으로 하는 일정요건을 갖춘 내국법인의 일반접대비 한도액은 일반회사의 접대비 한도액의 50%입니다.

다음 ①, ②, ③을 동시 충족한 부동산 임대법인은 일반 회사 접대비 인정액의 50%만 비용인정됩니다.

- 사업연도 종료일 현재, 지배 주주가 법인 주식을 50% 초과 보유
- 부동산 임대업을 주된 사업으로 하거나 부동산 임대소득+이자소득+배당소득이 매출액의 50% 이상일 것
- 상시 근로자 수가 5인 미만일 것

부동산 법인의 차량유지비

부동산 법인을 운영하려면 자동차가 필요할 수 있습니다. 다른 사업에서도 자동차 취득이나 운영비를 특정 요건을 충족한다는 가정하에서 경비로 인정하기 때문에 부동산 법인이라고 해서 같은 요건을 충족 시 인정하지 않는 경우는 없습니다. 하지만 부동산 임대업 법인은 차량 관련 비용을 다음과 같이 구분해 인정합니다.

- **승용차의 취득가격** : 일반 법인의 연간 인정액인 800만 원의 50%만 인정합니다.
- **승용차의 유지비용** : 업무 관련된 금액은(단, 차량운행일지 작성·임직원 전용보험 가입) 100% 경비처리됩니다.

다만 차량운행일지를 작성하지 않아 업무 관련된 비용을 확인할 수 없는 경우에는 50%만 인정합니다(500만 원). 차량취득가격 연간 인정액 400만 원을 포함해 연간 500만 원을 경비 인정합니다.

부동산 임대업을 주된 사업으로 하는 일정요건을 갖춘 내국법인은 차량 취득가격(렌탈, 리스료) 경비인정금액 또한 일반회사의 차량취득가격 경비인정 금액의 50%입니다.

부동산 임대업을 주된 사업으로 하는 일정요건을 갖춘 내국법인의 차량경비

❶ 차량보험을 임직원 전용보험으로 가입하지 않은 경우

취득가격이나 유지관리비 전액을 대표이사에게 급여를 준 것으로 처리합니다. 대표이사의 급여처리가 된다는 것은 대표이사 소득세가 크게 추가됨을 의미하며, 법인의 경비처리가 되지 않기 때문에 법인세가 증가합니다. 따라서 법인차량의 경우 반드시 보험부터 임직원전용보험에 가입해야 합니다.

❷ 차량운행일지를 작성하지 않아 업무에 사용한 금액을 확인하기 어려운 경우

차량운행일지를 작성하지 않아 1년간 차량유지비 중에서 업무사용경비와 사적 차량 사용경비 구분이 어려운 경우 매년 취득가격의 20%(최대 400만 원)와 차량유지비를 합해 500만 원만 경비인정됩니다.

취득가격의 20%와 차량유지비의 합계액에서 500만 원 초과액은 대표이사에게 급여를 준 것으로 처리하기 때문에 대표이사의 소득세가 크게 추가됩니다. 법인경비도 인정되지 않아 법인세도 증가할 수 있으므로, 차량운행일지를 작성해 경비처리를 인정받도록 해야 합니다.

❸ 차량보험도 임직원 전용보험으로 가입했고, 차량운행일지도 작성한 경우

- 차량취득가액 및 차량처분손실(일반회사의 50%)

- 차량취득가액은 매년 연 400만 원 한도 내에서 경비반영됩니다.
- 차량처분손실액은 연 400만 원 한도 내에서 경비반영됩니다.
• 차량운행일지를 작성해 차량유지비 중 업무사용한 부분이 구분되는 경우
- 차량운행일지를 작성한 경우, 차량유지비인 기름값 등(수선비, 세금, 보험료 등)은 업무에 사용한 금액의 전액 경비처리가 인정됩니다.

일정요건을 갖춘 내국법인은 다음 ①, ②, ③을 동시 충족한 부동산 임대법인입니다.

① 사업연도 종료일 현재, 지배 주주가 법인 주식을 50% 초과 보유
② 부동산 임대업을 주된 사업으로 하거나 부동산 임대소득+이자소득+배당소득이 매출액의 70% 이상일 것
③ 상시 근로자 수가 5인 미만일 것

(최신 개정판)
절세訓남 이상욱 세무사의
절세의 모든 기술 부동산 법인에 있다!

제1판 1쇄 2019년 7월 25일
제1판 7쇄 2020년 4월 1일
제2판 1쇄 2022년 10월 10일

지은이 이상욱
펴낸이 최경선   **펴낸곳** 매경출판㈜
기획제작 ㈜두드림미디어
책임편집 배성분   **디자인** 노경녀 n1004n@hanmail.net
마케팅 김익겸, 한동우, 장하라

매경출판㈜
등록 2003년 4월 24일(No. 2-3759)
주소 (04557) 서울특별시 중구 충무로 2(필동 1가) 매일경제 별관 2층 매경출판㈜
홈페이지 www.mkbook.co.kr
전화 02)333-3577
이메일 dodreamedia@naver.com(원고 투고 및 출판 관련 문의)
인쇄·제본 ㈜M-print 031)8071-0961
ISBN 979-11-6484-462-3 (03320)

같이 읽으면 좋은 책들

투자 초보자도 쉽게 따라 하는 부동산 대출의 기술

오르는 땅은 이미 정해져 있다

이것이 진짜 토지 개발이다

생각하는 공인중개사가 생존한다!

신방수 세무사의 재건축 재개발 세무 가이드북 실전 편

부린이 탈출을 위한 부동산 투자 입문서

신의 재테크 GPL 아파트 담보대출로 매일매일 돈 벌어주는 남자

숨어 있는 토지 개발로 10억 만들기

부자의 첫걸음 내 집 마련

부자 경매의 시작 알기 쉬운 특수 경매

신방수 세무사의 확 바뀐 부동산 매매사업자 세무 가이드북 실전 편

내 집을 싸게 사는 최고의 방법

서울시 공정경제과 팀박사가 알려주는 NEW 상가임대차 분쟁 솔루션

멈출 수 없는 UNSTOPPABLE

신방수 세무사의 주택임대사업자 등록말소주택 절세 가이드북

알기 쉬운 경매 실무

RESTART 부동산 투자

극한직업 건물주

꼬마빌딩 건축

신방수 세무사의 확 바뀐 상가빌딩 절세 가이드북

임장의 여왕이
알려주는
부동산 투자 전략

'발칙한 발상'이
부동산 성공 투자를
부른다
토지, 상가의 성공 투자법

미니
재개발·재건축의
모든 것

이기는
부동산 경매의
비밀

종·부·세
핵폭탄 대비하는
완벽 솔루션

이제 부동산 세금을 알아야
주택 보유&
처분 할 수 있는 시대다

상가임대차법

부동산 경매,
초보에서
탈출하라

초규제 시대,
부동산 투자의 정석

2021
확 바뀐
부동산
세금
완전 분석

돈이 되는 부동산
vs
돌이 되는 부동산

양도
소득세
완전
분석

사례로 풀어보는
지분경매

부동산 거래 전에
자금출처
준비하라!

부동산 관리도
경영의 시대

부동산 관리와
종합서비스

상속분쟁 예방과
상속
증여
절세 비법

집 팔고도 돈 버는
셰어하우스
SHARE
HOUSE

내 생애 짜릿한
대박 상가
투자법

주택임대사업자
등록과
절세 비법

부동산 개각·중개·용기 전세·유 알아서 하는
부동산 세무 가이드북
Real estate Tax Guide Book
실전편
2019 개정세법 완벽 반영개정판

개념부터 쉽게 배우는 부동산 필수 상식
돈 되는 부동산은 따로 있다
300채 알아낸 배테랑 저자가 전하는 부동산 투자 비법

자산관리업터의 투자 성공 분투기
부동산 투자, 아파트형 공장이 틈새다

2일 만에 월세 200만 원 받는
월세 부자 레시피
이제 당신도 부자가 될 수 있다!

직장인들도 쉽게 따라할 수 있는
新 **부동산 공매 가이드북**
실전편

양도·증여·상속의 모든 것
기막힌
부동산 절세의 비밀
생활 속의 세금 상식을 담은 절세 필독서

경제를 W자, 투자자의 재산가치 또 알아야 하는
부동산 매매임대사업자 세무 가이드북
Real estate Business Tax Guide Book
실전편

나는 부동산 투자로 파산자에서 100억 부자가 되었다

경쟁하기 싫은 경매 투자자들의 신세계
지분경매, 공유지분, 독점경매
남들과 경쟁하기 싫고, 혼자 전부 독차하고 싶다!

입찰에서 취득까지, 배당에서 명도까지 부동산 경매의 모든 것
이것이 진짜 성공 경매다
기획 투자로 승부하라! 실패를 최소화하는 성공 투자 비법

부동산 전문 이다훈 씨의 재테크 실전법
결혼은 선택이지만 부동산 투자는 필수다

수익형 부동산 건축과 재테크 투자 비법
헌집 살래 새집 살래
건축을 알면 알짜 부동산이 한눈에 보인다!

부자 되는 주택임대사업
이제 대세는 수익형 부동산이다 평생 돈 걱정 없이 사는 월세 부자 되기

돈 버는 공인중개사는 따로 있다

부동산 정책 분석
시장을 이기는 정책은 없다
부동산 정책을 알면 시장이 보인다!

전세가를 알면 부동산 투자가 보인다
시장 심리를 파악하면, 투자 흐름이 보인다!

서울시 공정경제과 주무관이 알려주는
부동산 거래와 판례

스타들의 부동산 재테크
스타들의 부동산 투자 스타가 좋아하는 부동산은 따로 있다?

지분 경매로 토지 개발업자 되기

부동산 재테크
역세권이 답이다

세무서 3년차가 알려주는
세무조사 대비의 모든 것

향후 5년 부동산 정책 핵심 공략
문재인 시대 부동산 트렌드

주택 연출가
무조건 따라하기

커피 한 잔 값으로
초대형 오피스 주인 되기
리츠 얼리어답터

고수익을 안겨주는 블루오션 토지 경매
신의 한 수
금맥 경매

주택 아파트
세무 가이드북
실전편

권리분석
완전정복으로
10년 안에 10억 벌기

고수가 알려주는 돈벌 터를 할 투자의 모든 것
대한민국을 움직이는 땅 투자 법칙 100

땅투자
10단계 절대불변의 법칙

新 돈의 보감
평범한 샐러리맨, 투잡 경매로
5년에 10억 벌다

나는 갭 투자로
300채 집주인이
되었다

토지 세무
가이드북
실전편

新
상가 투자
보물 찾기

상가 세무
가이드북
실전편

NPL
가격 산정의 비밀

응답하라!!
위기의 부동산

나는 토지 경매로
금맥을 캔다

토지보상경매
실전활용

세무조사 실무
가이드북
실전편

야생화의
기초 경매

(주)두드림미디어 카페(https://cafe.naver.com/dodreamedia)
Tel. 02-333-3577 E-mail. dodreamedia@naver.com